William Adjété **Wilson**

EN NOIR, EN BLANC, EN COULEUR

Gallimard

Couverture
William Wilson tenant la toile *Le camelot*, photo de Véronique Huyghe pour les Ateliers Saint-Sabin, 1985.
Point de rencontre, 1981, pastel, cadre original, 103 x 68 cm

Pages de garde
Vodoun des mers, 2010, collage wax, 76 x 56 cm (détail)

Page 3
Janus, 1991, huile sur terre cuite, 22 x 22 cm

PRÉFACE DE L'ARTISTE 6
C'EST L'HISTOIRE EN IMAGES D'UN AFRO-EUROPÉEN DES XXe ET XXIe SIÈCLES

PARIS EST UNE FÊTE (UN EMPRUNT, BIEN SÛR) ! 9
INTRODUCTION DE SIMON NJAMI

WILD, WITTY AND WHIMSICAL 12
LE MANIFESTE DES DOUBLES DOUBLE V

PREMIERS DESSINS 15
LE TEMPS DES PREMIÈRES FOIS

LES PASTELS 21
L'ENFANCE DE L'ART ET LES IMAGES POUR LE DIRE

LES PEINTURES 57
DÉTOURS ET CONTOURS DE LA VIE D'ARTISTE

LES LIVRES ET LES DESSINS 81
LES PLAISIRS RAFFINÉS DE LA TABLE… À DESSIN

LES CHAISES 105
MES TOTEMS DE FOYER GRIMPENT SUR LES MURS

LES TENTURES 125
DU COTON, DES PERLES ET DES BOUTEILLES À LA MER
Un vaste Océan, toujours noir, toujours vivant, texte d'Ana Lucia Araujo 126

LES COLLAGES WAX 161
COUPAGES ET DÉCOUPAGES D'ÉTOFFES AFRICAINES
Le collage dans sa dualité, texte de Rob Perrée 164

LES DESSINS ZOZO 187
LES PIEDS SUR TERRE ET LA TÊTE DANS LES ÉTOILES
253 dessins pour dire la joie d'être au monde, texte de Pierre Souchaud 190

LES PEINTURES WAX 207
NOUVEAUX HORIZONS ET GRANDS FORMATS

LES ESTAMPES 229
DE L'UNIQUE AU MULTIPLE ET RÉCIPROQUEMENT

ANNEXES 249
LE TEMPS PASSE COMME UNE FLÈCHE

CE QUI VIENT AU MONDE POUR NE RIEN TROUBLER
NE MÉRITE NI ÉGARDS NI PATIENCE.
René Char

Métis franco-africain né d'une mère blanche et d'un père noir, élevé à Orléans au cœur de la France, j'ai été très tôt mis face à l'évidence de ma différence radicale, uniquement fondée sur ma couleur de peau. Dès mon plus jeune âge, j'ai été soumis à l'hypocrisie et aux injustices, dictées par un racisme latent, parfois même clairement exprimé.

Pour commencer par le début, je suis arrivé sur cette terre en 1952 à Tours, peu après le cataclysme de la Deuxième Guerre mondiale. Je suis issu de la rencontre improbable d'une mère française apprentie sage-femme dans le Val de Loire, berceau de sa famille, et d'un père venu d'Afrique de l'Ouest, étudiant, ayant été scolarisé

Monsieur
1981, pastel, 65 x 50 cm

très jeune en Europe. Tous deux sont héritiers d'histoires familiales complexes, voire tragiques, et la pulsion de vie les a conduits à s'unir, contre toute évidence et, surtout, contre tous les préjugés.

Assez vite s'est imposée à moi la nécessité d'une réaction – je me suis beaucoup battu dans les cours de récréation –, mais également d'une quête existentielle, à la recherche d'une forme de justice, autant comme une possibilité de fixer un cap à ma vie, que comme la perspective de soigner et réparer les blessures de l'hérédité.

Il ne s'agissait pas de m'arc-bouter sur une identité individuelle, raciale ou nationale, car cela m'aurait demandé d'oblitérer de larges parties de moi-même. Au contraire, c'est plutôt dans la poursuite d'une universalité s'étendant à la terre entière dans toutes ses composantes, en rapport avec notre planète vivante sous tous ses aspects, qu'il me fallait m'identifier, pour faire corps avec ce qu'Édouard Glissant a appelé le « Tout-Monde », et m'exprimer librement.

Après une enfance un peu triste et solitaire où les livres, les courses de haies, la forêt d'Orléans et les bords de Loire m'ont laissé beaucoup de bons souvenirs, j'ai eu envie d'élargir mon horizon. Paris m'appelait, Mai 68 avait initié, quelques années plus tôt, un élan plein d'énergie que j'aspirais à rejoindre. J'ai débarqué dans la capitale pour y chercher de nouvelles manières de vivre, plus exaltantes que l'ordinaire qui m'était proposé. J'ai été happé par le tourbillon d'idées et de rencontres, l'art m'a saisi et emporté et j'y ai vu, autant qu'une raison d'espérer, un moyen idéal de me connaître moi-même, d'apprendre sur le monde et de communiquer avec mes semblables de façon à la fois intime et publique.

Le choix de la création artistique me permettait de partager mon expérience au-delà des clivages culturels ou sociaux. L'expression de ma singularité, au travers de mes créations en images, me semblait être la meilleure solution pour rendre la vie désirable en échappant autant que possible aux assignations associées à mes origines africaines.

Visible et invisible à la fois, sans cesse renvoyé à une altérité impossible, c'est en ouvrant mon esprit à l'imaginaire et en rejoignant la vaste communauté des artistes de mon époque que j'ai pu trouver une motivation et une façon de vivre qui m'épargnaient la dislocation.

Si je me retourne aujourd'hui et que je considère mon parcours d'artiste, j'y distingue une cohérence, centrée essentiellement sur cette quête initiale qui ne m'a, au fond, jamais quitté. Aussi ai-je réuni dans cet ouvrage ce qui permettra de retracer à la fois mon itinéraire artistique et mon chemin biographique, tant ils se confondent, se répondent et se nourrissent mutuellement.

William Wilson
84

PARIS EST UNE FÊTE (UN EMPRUNT, BIEN SÛR) !

Simon Njami
Écrivain, commissaire d'exposition

En 1972, Paris connaît une période unique, une renaissance politique et culturelle qui figurent encore les répliques de la secousse sismique de Mai 68. C'est ce moment-là que choisit William Wilson pour débarquer dans la capitale, suivre des études de philosophie et d'anthropologie. En 1973, il s'initie au dessin dans une communauté de Lozère, dans laquelle il passera quatre mois. Cette même année, le quotidien *Libération* voit le jour et Pablo Picasso meurt. Une époque se ferme pour donner jour à une autre. En 1974, c'est Georges Pompidou qui disparaît. Trois ans plus tard, le centre d'art et de culture qui portera son nom est inauguré. Wilson entre « dans la carrière » après ses premières expositions, fin 1977. En cette fin de décennie, la capitale prône l'ouverture d'esprit dans la pleine effervescence de lieux comme le Palace, où se joue la vie nocturne parisienne. Paris est alors un bouillon de culture dans lequel les idées et les appétits fusionnent en un kaléidoscope vivant. Jean-François Bizot, qui en 1979 relançait une nouvelle formule de son magazine *Actuel*, l'avait prédit : « les années quatre-vingt seront actives, technologiques et gaies. » En 1981, François Mitterrand, alors président de la République, nomme Jacques Lang comme ministre de la Culture. Celui-ci développe une politique culturelle ambitieuse avec de nombreuses manifestations comme La ruée vers l'art. On démocratise les disciplines et on sort l'art des institutions ! Tous ces événements, qui vont imprimer profondément la société française, ne manquent pas d'ouvrir des horizons infinis au jeune métis qui a débarqué à Paris une décennie plus tôt. Son geste d'artiste s'affine, son propos se peaufine.

C'est véritablement dans les années 1980 que William Wilson adopte le langage qui sera le sien. En découvrant le dessin, dans cette communauté de Lozère (l'heure était encore aux communautés qui s'étaient donné pour mission de changer le monde, à l'instar des événements du Larzac), Wilson découvre également son destin : il sera artiste pour participer activement à cette onde qui traverse la France et qui remet tout en question. La Figuration narrative – qui s'était opposée à l'expressionnisme abstrait américain – est remplacée par la Figuration libre, dont les deux porte-drapeaux sont Robert Combas et Hervé Di Rosa, que Ben définira ainsi : « 30 % provocation anti-culture, 30 % Figuration Libre, 30 % Art brut et 10 % folie.

Page 8
Entre deux chaises ou *Quand la vie ne tient qu'à un fil*
1984, pastel, 200 x 150 cm

Le tout donne quelque chose de nouveau. » Ben a de l'intuition. Il s'agit pour ces jeunes artistes, auxquels Wilson emboîte le pas, de faire voler en éclats l'ordre établi et de faire fi de tout académisme. Quel programme attirant pour un autodidacte pour lequel les « critères » énoncés par Ben ne sont pas une simple théorie mais une réalité concrète, un espace à prendre et une manière de s'exprimer qui participe (du moins dans un premier temps), plus de l'instinct (Art brut) que d'une conceptualisation abstraite. L'art est une chose à vivre sans filtre.

En revenant sur la définition donnée par Ben de la Figuration libre, je m'aperçois que si les deux premiers critères peuvent être indifféremment attribués aux trois artistes, le troisième, en revanche – qui fait référence à l'Art brut – correspond plus particulièrement au travail de William Wilson. Mais, cet « Art brut », ne correspond ici ni à la folie, ni aux problèmes psychiatriques généralement associés à ce genre. Il s'agit chez lui plutôt d'un contenu animiste que l'artiste, peut-être à son insu, a rapporté de son voyage en Afrique en 1972 et qui lui a révélé une appartenance dont il n'avait pas nécessairement conscience. En effet, dans l'animisme, il existe une force vitale qui « habite » les êtres vivants, les objets et les éléments naturels. Dans le travail de Wilson, cela engendre une tension permanente entre une esthétique européenne contestée et une énergie qui échappe à la volonté cartésienne. Peut-être est-ce cette tension qui est illustrée dans le tableau *Entre deux chaises* (1983). Il représente, à mes yeux, un moment essentiel dans l'œuvre et dans l'évolution intellectuelle de son auteur.

Ce pastel annonce, d'une manière presque prémonitoire, la trajectoire que va prendre Wilson. Cet homme qui court (sorte d'arlequin revisité), pris dans les flèches de deux directions contradictoires (il me fait penser au Lapin blanc d'*Alice au pays des merveilles* qui ne sait pas où il va mais craint d'être en retard), a quelque chose de familier. Au mur, des sages semblent sourire du spectacle dont ils détiennent sans doute la clé. Et, à l'avant-plan, des chiens se disputent sous le regard goguenard de deux créatures dont on ne distingue pas la nature. Et puis, il y a les deux chaises. Comment ne pas voir dans cette allégorie un autoportrait dissimulé ? Un instantané de l'état d'esprit d'un jeune artiste qui se lance dans la bataille de l'art, quittant un monde pour en rejoindre un autre ? Les chiens représentent-ils son état d'âme du moment ? Le titre est révélateur d'un moment pivotal – un passage –, mais dévoile une tout autre dimension qui fait référence à l'expression populaire : « entre deux chaises ».

L'autre élément qui rend cette œuvre particulière est le fait que, six ans plus tard, Wilson allait se mettre à fabriquer des chaises, évolution conceptuelle qui le fait passer à la tri-dimensionalité. Ses chaises sont des sculptures figuratives représentant des êtres ou des esprits facétieux qui semblent porter un regard ironique sur celui qui les contemple. Au-delà de ce contenu « animiste », l'humour – qui n'est jamais absent de l'œuvre de Wilson – affleure sur ces manières de variations sur un même thème. Dans cette opération de déconstruction reconstruction, c'est une certaine liberté qui est célébrée. Liberté de jouer avec les formes et les codes, liberté de repenser une humanité en mutation qui agglomère des symboles exprimant à la fois la légèreté et le bonheur de créer. Le pot de fleur au cœur de *La Chaise jardinier* en est une parfaite illustration. Avec ses chaises, Wilson sort littéralement du cadre pour se forger d'autres moyens d'expression. C'est également le signe d'une maturité et d'une confiance en soi forgée au fil de ses années parisiennes, de ses rencontres et de ses réflexions.

Les chaises résolvent également un dilemme. L'homme qui a perdu sa boussole, dans le tableau *Entre deux chaises*, semble l'avoir trouvée dans ces sculptures. Leur valeur totémique ne renvoie pas uniquement à leur forme, mais à ce que, en creux, elles disent. La série des chaises accompagnera William Wilson jusqu'à l'aube des années 1990 qui marque un tournant, non seulement dans sa pratique, mais aussi dans l'environnement au sein duquel il évolue. Paris a changé de visage. La folie des années 1980, la gaîté annoncée par Jean-François Bizot, ne sont plus de mise. Pour l'artiste s'amorce alors un retour symbolique au « pays natal » qu'il ne connaît que peu. Un pays imaginaire qui s'insinue jusque dans ses créations. Ses dessins, ses pastels et ses livres uniques représentent autant de retour sur soi. Puis viennent les « Vodouns », une interprétation très libre (toujours) de la religion traditionnelle béninoise ; les appliqués, technique textile qu'il perfectionnera auprès de maîtres artisans au Bénin et qui conduiront à l'épopée de *L'Océan noir*, où le contenu politique toujours sous-jacent, même de manière inconsciente, affleure et s'affirme ; les céramiques, que l'on pourrait assimiler à de la sculpture. Les peintures wax bouclent la boucle de ce voyage artistique qui a évolué, non pas de manière intellectuelle et élaborée, mais de manière instinctive. L'instinct, d'aucuns parleront de spontanéité, représente un fil conducteur dans la quête de William Wilson. On peut imaginer son atelier comme un champ d'expérimentation sensible dont l'artiste lui-même ne connaît pas toujours le résultat final. Après tout, il est entré en art comme d'autres entrent en religion. Un appel qui n'a été façonné par aucune école, ni contraint par aucune théorie si ce n'est celle d'une pulsion première, un appétit de couleurs et de matières, de formes et de supports qui donne *in fine* une œuvre d'une cohérence que le passage des années vient confirmer.

Mais, ces grands formats à résonance africaine ne constituent, à n'en pas douter, qu'une étape dans cette quête dont l'objet essentiel n'est sans doute pas d'atteindre un but, mais de chercher encore, et de se laisser surprendre par les secrets que recèle une matière en mutation perpétuelle.

WILD, WITTY AND WHIMSICAL

Sauvage, spirituel et fantasque

L'ART EST LÀ POUR PROUVER, ET POUR AIDER À SUPPORTER, LE FAIT QUE TOUTE SÉCURITÉ EST ILLUSION. EN CE SENS LES ARTISTES SONT EN RUPTURE ET, PAR NÉCESSITÉ MÊME, OPPOSÉS À QUELQUE SYSTÈME QUE CE SOIT.

James Baldwin

Si chacun d'entre nous garde en mémoire une année décisive, d'une importance capitale et qui ressort au sein de l'empilement des ans qui forment une vie, 1972 est pour moi, sans conteste, cette année-là.

J'arrivais à Paris pour y commencer des études de philosophie et d'anthropologie. Je venais de rentrer de mon premier voyage en Afrique, à la découverte de mes origines togolaises et béninoises, jusque-là inconnues.

Dans le même temps, je découvrais l'art dont j'avais été largement éloigné durant mon enfance passée dans une petite ville de province. Musées, cinémas, théâtres, concerts, lectures, tout était nouveau et exaltant.

1972 est également l'année de la rencontre avec des artistes qui allaient devenir mes amis. Sans doute ne sont-ils pas étrangers au désir qui m'a poussé à dessiner à mon tour.

Bientôt, j'ai réalisé mes premiers dessins à l'encre, et peu à peu la pratique du dessin est devenue une sorte de boussole, un prisme au travers duquel je prenais connaissance du monde qui m'entourait, mais aussi de moi-même, un repère qui me permettait de trouver ma place, un lieu sûr où la vie était enviable.

Néanmoins, chercher et trouver ma place dans la société – une entreprise qui n'est aisée pour personne – était d'autant plus difficile que régnait (et règne encore) la discrimination raciale et le racisme que j'avais connus durant toute mon enfance, quand j'étais bien souvent le seul élève noir de ma classe.

Se loger, même mal, trouver un job d'étudiant sous-payé, tout était compliqué. Il faut comprendre comment ces petites humiliations répétées peuvent nourrir la colère, pousser à la révolte, favoriser les conduites à risque et les comportements antisociaux, voire autodestructeurs. J'étais un jeune homme irrésolu, insatisfait. Je ne discernais pas exactement ce que je voulais, mais je savais ce que je ne voulais pas.

À Paris, lorsque j'y suis arrivé, flottait encore l'atmosphère si particulière qui perdurait depuis Mai 68, d'aspiration profonde à la liberté, de renversement des valeurs et de désir de changer la société. Cette effervescence me grisait, mais elle nous entraînait aussi vers des excès et des expériences extravagantes qui parfois nous submergeaient. La jeunesse veut vivre intensément, parfois en prenant les risques les plus fous.

La décennie 1970 a été extrêmement chaotique pour beaucoup d'entre nous, mais contrairement à tant de camarades disparus, j'ai survécu.

À l'aube des années 1980 et à l'approche de la trentaine, j'étais sans doute bien démuni, revenu de mes illusions et toujours aussi ignorant de ma place dans le monde, mais j'étais animé d'une farouche volonté de construire une vie intense et libre. Pour cela, mes seules armes étaient quelques crayons, du papier et des couleurs, ainsi qu'une forme d'innocence qui, paradoxalement, me protégeait.

1981 marquait l'entrée dans une nouvelle ère politique, où l'art pouvait s'épanouir et où les artistes se sentaient soutenus. J'étais prêt à m'engager dans ces années résolument humanistes, cosmopolites et créatrices de nouvelles formes. Ma vie d'artiste, une vie de bohème et d'incertitude, mais sous le signe d'une intense liberté, commençait.

Plus de quarante ans plus tard, concevoir ce livre m'a offert une vue d'ensemble et révélé peut-être une certaine cohérence dans un parcours singulier.

Le monde artistique (et la société en général) procédant par catégories, mon travail a été défini comme relevant de la Figuration libre ou de l'Art brut ou de l'art africain. Sans doute est-il un peu de tout cela.

À mes yeux il est avant tout, comme disait Gilles Deleuze dont j'ai suivi les cours à Vincennes en 1973, une « machine de guerre » et une « ligne de fuite » face à mon désir d'échapper au déterminisme de l'Histoire et de mes origines.

Les assignations sociales pèsent lourdement sur la première génération de descendants d'immigrants, et particulièrement sur les afro-descendants, tant ils sont affublés de clichés négatifs ou faussement positifs.

Devenir artiste a été pour moi un moyen à la fois de me cacher et de me montrer. Ce fut ma façon de répondre au paradoxe mortifère dans lequel, contre mon gré, me plaçaient d'une part la trop grande visibilité de ma couleur de peau, d'autre part l'invisibilité discriminante qui m'était imposée.

ADJÉTÉ

PREMIERS DESSINS

ADGETÉ

SI NOUS MAÎTRISONS UN PEU LE DESSIN,
TOUT LE RESTE EST POSSIBLE.
Alberto Giacometti

Pendant les décennies 1980 et 1990, j'ai beaucoup dessiné. Bien qu'autodidacte et n'ayant pas suivi de formation académique, j'ai tout de suite aimé m'exprimer en images. C'était la grande époque de la Figuration libre, et même les artistes qui avaient étudié aux Beaux-Arts ou dans d'autres écoles d'art déconstruisaient abondamment leur savoir.

La belle énergie de ce mouvement artistique riche en couleurs, et dans lequel je me reconnaissais, m'a gagné et emporté. J'ai perdu, au contact des peintres qui m'entouraient, une partie de mes réticences. Je ne savais pas dessiner des mains, des pieds, des visages ou des corps. Qu'à cela ne tienne ! Je n'étais pas le premier à inventer des formes, à distordre la réalité et à jouer avec l'anatomie.

Mes premiers dessins, autant qu'un apprentissage du métier, ont été pour moi une leçon de vie. La jeunesse attend beaucoup du monde qui l'entoure, parfois en vain. J'ai découvert que ce je ne trouvais pas au-dehors était en réalité à rechercher en moi-même et que les images étaient le moyen qui me convenait pour y accéder. L'écrivain afro-américain James Baldwin exprime cela parfaitement. Devenir artiste, écrit-il, n'est « pas une journée au comptoir des bonnes affaires. Cela vous demande de tout risquer, vous-même et qui vous pensez être, qui vous pensez vouloir être, l'endroit où vous pensez vouloir aller – tout, et ce pour toujours, pour toujours ».

La quête de soi, mais surtout de ce que je voulais exprimer par le dessin, ne s'est pas faite en un jour ni sans douleur. Mais l'espace de liberté offert par la vie d'artiste m'est devenu indispensable.

Le travail formel de la représentation, des choses réelles comme des visions de l'imaginaire, l'univers personnel qui apparaît sous vos yeux sans que vous compreniez bien d'où il vient, tout cela m'a porté et enthousiasmé.

Page 14
Double monstre
1975, crayons, 21 x 30 cm

Page 16
Rituel
1973, gouache et crayons, 38 x 28 cm

Le chasseur
1973, crayons, 21 x 30 cm

L'idole
1977, crayons, 21 x 30 cm

Page 19
Le regardeur
1973, pastel, 50 x 65 cm

LES PASTELS

William WILSON

VOUS ENTREZ DANS UNE PIÈCE ET QUELQU'UN VOUS DEMANDE « QU'EST-CE QUE TU FAIS ? » VOUS RÉPONDEZ : « JE SUIS ARTISTE ». ET LA PERSONNE REPREND « OUI, MAIS QU'EST-CE QUE TU FAIS VRAIMENT ? » ET VOUS VOUS INTERROGEZ : « QU'EST-CE QUE JE FAIS VRAIMENT ? ET À QUOI ÇA SERT ? »

James Baldwin

Le pastel sec est ma matière de prédilection. Il se présente sous la forme de bâtonnets de pigment pur agrégé avec une petite quantité de liant. Étaler avec ses doigts la poudre de couleur sur le papier relève pour moi d'un plaisir que je relierais volontiers à l'enfance.

Sans doute le papier offre moins de possibilités que la toile, qui plus est le pastel, fait d'une matière pulvérulente et délicate, doit être encadré et protégé. Les marchands d'art sont réticents face à sa grande fragilité et préfèrent la peinture sur toile. Personnellement, je le trouve plus vivant dans ses infinies textures. Si on ne l'expose pas à la lumière directe, il se conserve longtemps. Le Louvre possède une collection de référence de pastels des XVIIe et XVIIIe siècles. Ceux de Chardin, Boucher ou La Tour, qu'on pouvait voir dans une exposition en 2018, avaient, malgré leur âge, conservé toute la fraîcheur et l'extrême subtilité de leur palette.

Il y a de nombreuses qualités de pastels secs. Mais aucune ne dépasse celle des pastels Roché dont la petite échoppe, La Maison du Pastel, se cache au fond d'une cour de la rue Rambuteau à Paris. Créée en 1720, c'est la plus vieille fabrique de pastels au monde et elle perpétue, de génération en génération, une gamme d'une luminosité exceptionnelle et aux nuances sans égales.

Ma première exposition, en 1983, s'est déroulée sous le signe de la vivacité des couleurs : elle a eu lieu rue de la Fontaine au Roi à Paris, dans une ancienne imprimerie transformée en loft où trois couples de perroquets vivaient librement sous une vaste verrière, dans une atmosphère verdoyante et quasi tropicale. Elle a réuni beaucoup de monde et le cadre si original où elle se tenait lui donnait un air de fête. Les volatiles multicolores sillonnaient l'espace en criaillant et mes pastels ont eu du succès. En ont découlé des invitations à des expositions et des actions collectives et, de fil en aiguille, quarante ans de carrière ont suivi…

Page 20
Le bruit du vent
1984, pastel, 49 x 36 cm

Page 22
Sous l'astre rouge
1984, pastel, cadre peint, 35 x 45 cm

L'empereur
1977, pastel, 50 x 65 cm

Saxophone
1977, pastel, 50 x 65 cm

Le rendez-vous
1986, pastel, 110 x 75 cm

Dans toutes les directions
1983, pastel, cadre peint, 76 x 51 cm

Rêves et cauchemar
1983, pastel, 105 x 75 cm

Cœurs croisés
ou *Couple X*
1992, pastel, 110 x 75 cm
Collection Vinarnic

Jeux
1993, pastel, 65 x 25 cm
Collection Vicki Hugues

LES STYLITES

C'est dans le livre *Les hommes ivres de Dieu* de Jacques Lacarrière que j'ai découvert l'existence des stylites. Ils étaient nombreux au cours des premiers siècles du christianisme dans les déserts d'Égypte et de Syrie. Ces ascètes religieux vivaient perchés au sommet d'une colonne, pour se retirer du monde et se rapprocher du ciel. Ils n'en descendaient jamais. Des pèlerins leur apportaient de quoi se nourrir. La plate-forme de la colonne ne leur permettait pas de s'allonger. Agenouillés ou assis, ils priaient sans cesse. Siméon le Stylite, un des plus fameux, resta sur sa colonne trente-sept ans d'affilée, jusqu'à sa mort. On venait de loin pour l'honorer. Je suis resté fasciné par cette image, qui m'inspira une grande série de tableaux.

Les stylites 1 et *2*
1992, pastel,
65 x 110 cm chaque
Collection Karpathios

Serpent et couteaux
1984, pastel, 50 x 76 cm

Le triangle à deux mains
1984, pastel, 135 x 111 cm

La roue
1983, pastel, cadre peint,
64 x 64 cm

Comme du vin rouge sur un tapis blanc, un saignement sur l'émail immaculé d'un lavabo, comme de l'encre rouge sur un mouchoir blanc, le sang noir tache. C'est une gêne, une honte, une marque bien visible de différence. À partir de quelle mesure est-ce trop, ou plutôt cela suffit, suffit pour tacher, suffit pour gâcher, suffit pour noircir. Un processus méticuleux de traçage, de pistage, de traque est à l'œuvre, mais aussi de verbalisation de ces nuances. Les mettre en mots pour mieux opprimer, pour mieux séparer, pour classifier et condamner. Et qu'en est-il de les verbaliser afin d'échapper à cette binarité et de libérer les identités métisses, les inclure et les embrasser ? Aujourd'hui nous n'avons qu'un mot, un seul mot pour englober une multitude d'identités, d'histoires et d'expériences : noir.

Aglaé Jarry Wilson
(Extrait de *In the end, nothing is pure*, 2024)

Le roi mage
1993, pastel, 65 x 75 cm

Paire de demi-dieux
ou *Sur la route*
1992, pastel, 150 x 125 cm

Page 31
Sur un damier
1984, pastel et acrylique,
136 x 146 cm

William WILSON 84

SÉRIES ET SPIRALES

Dès mes premiers dessins, j'ai aimé procéder par séries.
Cela me plaît d'aller jusqu'au bout d'une idée et de la tordre dans tous les sens, jusqu'à épuisement.
La contrainte de forme, ou de motif, ou de couleur que je m'impose mène souvent à des découvertes inattendues. Je déroule ma série avec entrain et de chaque pièce en sort une autre, identique et différente, variante parmi les variantes. Ces séquences correspondent souvent à des périodes de ma vie, associées à des événements, heureux ou malheureux, et elles traduisent, sans que j'en sois toujours conscient sur le moment, mon état d'esprit ou mes préoccupations.
Petit à petit cependant, la vie avance et les choses évoluent : le cadre très inspirant qui me plaisait tant finit par devenir trop contraignant et me pousse vers de nouvelles recherches, dans d'autres directions que je n'aurais peut-être pas prises sans cette règle à transgresser.
De la même façon, et pour rester dans la métaphore mathématique, avec le recul je prends conscience que mes créations évoluent « en spirale » plutôt qu'en ligne droite.
Certains de mes thèmes ou personnages reviennent périodiquement. C'est comme si chaque point d'une spirale repassait près de son point de départ avec un léger décalage, pour s'en éloigner à nouveau.
Un dessin des années 1980 peut devenir une sculpture ou apparaître sur une affiche des années 1990, sur un tableau en perles en 2000, ou encore sur une estampe ou une peinture dans les années 2010.
Ce vivier de formes navigue dans mon univers pictural telles les étoiles dans le ciel nocturne et, au gré de l'inspiration, je pioche dans mes constellations préférées de nouvelles interprétations d'un même sujet ou d'une même scène.
La spirale, en tant que motif et leitmotiv, est d'ailleurs très présente dans beaucoup de mes dessins et peintures. Fréquente dans les règnes végétal et animal (la vigne, le tournesol, la fougère, le volubilis, la rose, certains cactus, l'escargot, le nautile et bien d'autres coquillages), la spirale est un motif ouvert, en expansion, mais aussi le symbole du cycle et de l'infini retour du même. Involution et évolution, tout un programme !

SUR INVITATION

L'histoire de ce tableau est singulière. Il fait partie de la série de premiers grands pastels nés dans mon tout premier atelier. Et c'est le seul que je possède encore.

Les années 1980 ont sans doute été une période bénie pour les jeunes artistes. Il était facile de vendre ses œuvres (plus ou moins cher), au point de se sentir dépossédé avant d'avoir pu soi-même en profiter.

C'est pourquoi une fois terminé, et avant que quiconque le voie, j'ai roulé ce tableau dans un tube et je l'ai volontairement « oublié », pour le retrouver très longtemps après, juste à temps pour l'exposer au Centre Pompidou en 2025 et le faire figurer dans ce livre retraçant quarante-cinq années de création.

Une invitation de longue date, donc.

Sur invitation
1984, pastel, 150 x 139 cm

LES TÊTES À HISTOIRES

Que se passe-t-il dans notre tête ? C'est souvent un mystère aussi profond que les abysses sous-marins. Ainsi, chacun de nous se raconte un roman personnel pour tenter de donner un sens à sa vie. Les « Têtes à histoires » en sont autant d'épisodes.

Série « Têtes à histoires »
1993-1994, pastel,
50 x 65 cm

William WILSON'93

LES PENTES

« Les Pentes » sont un jeu d'horizontales et de verticales. Ça penche à droite, à gauche, des deux côtés à la fois. Comment rétablir l'équilibre ? Qui habite ces paysages étranges ?

Série « Les Pentes »
1995, pastel, 65 x 50 cm et 50 x 65 cm

LES MURS D'IMAGES

Sur « Les Murs d'images », les illustrations se télescopent ou, au contraire, se répondent. Les cases se rebellent et les lignes de fuite se mélangent. Ce sont des murs pour s'exprimer, pour raconter et non pour séparer.

Tout y est mobile et en suspens. Le dessin se plie aux formes aléatoires des cases dessinées. Cette série date des dernières années du millénaire, 1995-2000, et contient toutes les incertitudes de cette époque à la fois euphorique et anxieuse de l'avenir.

Série « Les Murs d'images »
1996-1997, pastel,
de 50 x 65 cm à 110 x 75 cm

LES PORTRAITS – AUTOPORTRAITS

Le portrait, en peinture, est une figure imposée. Je n'ai jamais peint d'après modèle, ni même dans un souci de ressemblance. Lorsque je représente un visage ou un personnage, il m'arrive de penser à une personne précise, mais le plus souvent les traits se mêlent avec ceux des personnages qui meublent mon imaginaire et d'autres figures apparaissent, augmentées, mélangées et hybridées. Parfois, et sans que j'en aie eu conscience sur le moment, je discerne un semblant d'autoportrait, autre figure récurrente de l'art figuratif.

Portrait déplié
1992, pastel, 75 x 85 cm

L'inventeur
1992, pastel, 70 x 82 cm

Portrait de voyant
1992, pastel, 75 x 85 cm

Portrait dans la jungle
1992, pastel, 65 x 75 cm

Page 41

La reine rouge
1993, pastel, 65 x 75 cm

Portrait au bandeau
1992, pastel, 75 x 85 cm

Portrait puzzle
1992, pastel, 75 x 85 cm

La reine de la nuit
1993, pastel, 65 x 75 cm

LES RONDES

Pour comprendre ces rondes, il faut se reporter quelques pages plus loin, au « Voyage en Arizona ». C'est à la suite de ce périple que j'ai peint une série de grands pastels carrés incluant un cercle, qui retraçaient un voyage de trois mois dans les grands parcs américains. La forme de ces tableaux – une roue tournant dans un cadre carré – m'a beaucoup inspiré et, une fois la série terminée, j'ai continué à travailler en reprenant le même modèle, l'élargissant à d'autres sujets, y compris mes personnages familiers.

Série « Les Rondes »
1995-1997, pastel,
75 x 75 cm chaque

Les jours et les nuits
(dyptique)
1983, pastel, cadres sculptés et peints, 59 x 78 cm chaque

William WILSON

TRIPTYQUE DE LA MORT

En 1994, deux jours avant la Toussaint et trois jours avant la Fête des Défunts, mon père est mort soudainement d'une rupture d'anévrisme. Il n'avait pas soixante-dix ans. Il est impossible d'imaginer, avant que cela ne survienne et quelles que soit les relations que l'on a pu entretenir avec lui, l'effet que produit la mort d'un père. C'est une rupture indéfinissable. Mon père vivait aux Sables-d'Olonne, face à l'océan Atlantique qui l'avait vu naître, mais bien loin des rivages du golfe de Guinée où il n'avait passé que ses premières années d'enfance. Séparé de l'Afrique par des milliers de kilomètres, mais au bord du même océan. La Côte de Lumière où il était venu s'installer à la retraite était bien grise et triste le jour de ses obsèques, en ce tout début de novembre. À l'issue de la cérémonie d'incinération, nous sommes partis sur un petit bateau de pêche disperser ses cendres en mer. Nous voulions croire que les flots, capricieux et tumultueux à cette saison, allaient emporter ces quelques poignées de cendres vers le rivage de sa naissance, vers ses ancêtres, vers son pays natal où il n'était revenu lui-même que pour un court séjour, lors des obsèques de sa propre mère, des décennies plus tôt. Dans les jours qui ont suivi ses funérailles, j'ai réalisé ce *Triptyque de la Mort*.

La lumière et l'énergie qui s'en dégagent sont les seules contreparties que j'ai pu opposer à la tristesse et à la perte ressenties.

Triptyque de la Mort
1994, pastel, 152 x 68 cm
pour chaque panneau

L'alchimiste
1992, pastel, 55 x 76 cm

Le danseur de claquettes
1992, pastel, 55 x 76 cm

Taureau et fantôme
1992, pastel, 71 x 65 cm

Le jardinier
1992, pastel, 55 x 76 cm

TÊTE D'ENCLUME

Ce jour-là je n'avais pas envie de dessiner un visage arrondi. En suivant les bords de la feuille de papier, j'ai tracé les contours de cette tête d'enclume et de marteau, terriblement têtue avec son air de pirate rastaquouère relevé d'un sourire. Ce portrait symbolise à mes yeux ce que chaque artiste peut avoir en lui de marginal, d'imprévisible, et même de voyou. Une image de l'artiste en sale gosse intraitable et indiscipliné.

Ce personnage à la tête d'enclume reviendra plusieurs fois au cours des années, sous différentes formes et sur différents supports, comme un rappel à l'insoumission et à la transgression des règles qui permettent la découverte de nouveaux territoires et de nouvelles façons de s'exprimer.

Si l'art est une transposition du réel, il faut aussi, à ce déplacement du regard qu'introduit l'artiste, une dose d'audace et d'impertinence qui questionne le spectateur et l'emmène un peu plus loin, au-delà de la représentation à laquelle il s'attend.

Cette irruption soudaine de l'enclume est peut-être aussi un écho souterrain de ma propre situation, entre le marteau et l'enclume, synonyme de l'*Entre deux chaises* de mes débuts.

Tête d'enclume
1984, pastel, 135 x 111 cm

LE VOYAGE EN ARIZONA

Ce fut un beau voyage aux États-Unis d'Amérique, à sillonner les routes et les pistes des *Four Corners* cette région de l'Ouest où les frontières de quatre États se rencontrent à angle droit.
« Leave only footprints, take only pictures » avertissaient les panneaux à l'entrée des vingt-trois parcs nationaux que nous avons visités. Ne laissez que des traces de pas, ne prenez que des photos. Nous avons suivi ce programme à la lettre...
Arizona, Utah, Nouveau-Mexique, Nevada, Colorado, nous avons cheminé dans des paysages époustouflants, nous avons traversé de véritables jardins de cactus exubérants, rencontré les plus vieux arbres du monde, contemplé les âges géologiques les plus anciens, dévoilés dans des canyons gigantesques.
Nous avons vécu des moments de contemplation extraordinaires, nous avons été témoins de la mesure et de la démesure du monde. Comme les cow-boys, nous avons campé sur la terre rouge et dormi à la belle étoile sous des cieux merveilleusement étoilés. Comme les Indiens, nous avons parcouru les territoires apaches et navajos et vécu dans les décors emblématiques des grands films hollywoodiens. Ce fut un road-trip de cinéma, mais bien réel et riche de sensations diverses, de méditations philosophiques, d'émerveillements quotidiens. Vraiment ce fut un très beau voyage !
À mon retour, les yeux encore remplis des images somptueuses des paysages sauvages de l'Ouest américain, je me suis lancé dans une série de pastels géants, à l'image des paysages que nous avions arpentés. Pour traduire l'idée de voyage et de mouvement, j'ai choisi de les composer sur un cercle, lui-même inclus dans un carré, symbolisant à la fois le voyage autour de la terre et le voyage intérieur.
Dans le cercle je dessinais les paysages : Grand Canyon, Sequoia National Park, Monument Valley, Yosemite, Big Sur, ou encore les falaises des *pueblos* du Nouveau-Mexique. Autour de ces cercles j'ai représenté des rondes de personnages, d'animaux et de plantes, de rochers et de rivières qui peuplent ce pays de contrastes.
La série de onze pastels grand format, intitulée « Le voyage en Arizona », allait m'emmener encore plus loin, puisque cinq de ces pastels allaient devenir des foulards en soie, dans la collection « Carrés d'artistes » de Louis Vuitton. Qu'on pût regarder l'image de quatre manières différentes, puisque chaque côté présentait une vue différente de par la structure en « roue » du motif central, me plaisait beaucoup. Cette démultiplication du tableau a aussi séduit Louis Vuitton : quelle que soit la façon dont on nouait le foulard, on avait toujours un motif nouveau à présenter.
Ce fut une nouvelle aventure d'aller assister à leur fabrication et de suivre le travail minutieux des soyeux italiens du lac de Côme qui réalisèrent les éditions limitées, en sérigraphie sur twill de soie. Durant la saison qui suivit, non seulement toutes les boutiques Vuitton du monde arborèrent les couleurs de la série, mais des expositions à Paris et à San Francisco se succédèrent, ainsi que de nombreuses publications du catalogue dans le monde entier.
À suivi enfin une série de peintures à l'huile sur toile, inspirée des pastels, reprenant leur forme de « roue » incluse dans un carré et leurs grandes dimensions.

« Le voyage en Arizona » est une série de onze pastels.

Page 51
Les voyageurs
1994, pastel, 200 x 150 cm

Pages 51 à 53
Les 9 étapes
1994, pastel,
150 x 150 cm chaque

L'arrivée
1994, pastel, 140 x 150 cm

UN PAS DE CÔTÉ

LES FANTASQUES

La première fois que j'ai exposé mes grands pastels, c'était en 1984 à Lyon, rue des Fantasques, sur les flancs de la colline de la Croix-Rousse, dans les bien-nommés Ateliers Fantasques créés par Bertrand Cordier.
C'est toujours très spécial pour un artiste de voir ses œuvres exposées et d'en devenir ainsi le spectateur. Bien souvent, dans l'atelier, il n'y a pas assez de recul pour les observer toutes à la fois et embrasser d'un seul regard l'ensemble de son travail.
Pour signaler l'exposition, j'avais peint à même le mur de soutènement contigu à la galerie un de mes personnages favori de l'époque, le *Portrait aux nattes*, qui fut sans doute le premier portrait que j'ai réalisé au pastel en 1981.
Près de dix ans séparent ces deux pastels (page de droite) qui regroupent certains de mes personnages les plus récurrents. Ces figures reviennent périodiquement pour marquer le début d'une nouvelle «période». Ils font office de génies tutélaires qui me remettent sur le bon chemin lorsque je doute, ou me redonnent un élan quand je suis en panne. On me demande souvent d'où ils sortent. En réalité, je n'en sais rien. Ils viennent d'une région de mon inconscient qui demeure inconnue. Ils sont à la fois des autoportraits et des portraits de mes contemporains. Ils expriment le mystère de nos existences fugitives.

Affiche de l'exposition «William Wilson» à la galerie Les Ateliers Fantasques.

Peinture murale, rue des Fantasques, Lyon. Peinture et aérosol, 1984

Le serpent de mer
ou *La nef des fous*
1984, pastel, 300 x 150 cm

Les voyageurs panoramiques
1993, pastel, 152 x 77 cm

William WILSON 90's

LES PEINTURES

LE CRIME DONT VOUS DÉCOUVREZ LENTEMENT QUE VOUS ÊTES COUPABLE N'EST PAS TANT D'ÊTRE CONSCIENT, CE QUI EST DÉJÀ ASSEZ GRAVE, MAIS QUE LES AUTRES VOIENT QUE VOUS L'ÊTES ET NE PEUVENT SUPPORTER DE LE REGARDER, CAR CELA PROUVE QU'EUX NE LE SONT PAS.

James Baldwin

Les premières peintures que j'ai vues sont celles qui figuraient sur les buvards publicitaires des laboratoires pharmaceutiques que ma mère, sage-femme, rapportait à la maison. Y étaient représentées des œuvres classiques des grands maîtres des XVIIIe et XIXe siècles. Je rangeais dans mes cahiers d'écolier Fragonard, Géricault, Ingres, Delacroix, La Tour, Renoir, Monet, et je ne me lassais pas de contempler ces images, au détriment de mes devoirs scolaires. J'étais sensible à la beauté des scènes représentées, mais aussi à l'évasion que m'offraient ces petites reproductions vers d'autres décors, d'autres vies, d'autres aventures, que j'imaginais grandioses.

Ensuite, durant mes premières années à Paris, j'ai écumé les musées et j'ai découvert les tableaux originaux. N'ayant jamais pris la mesure du format, j'étais saisi parfois par la grande taille du tableau, ou au contraire par sa petitesse. Je découvrais également la précision du trait et le soin apporté aux détails, impossibles à rendre sur un buvard...

Dès le milieu des années 1980, je me suis essayé à la peinture. C'était la période des rencontres et, parmi les artistes que je fréquentais dans le courant de la Figuration libre, beaucoup étaient des peintres.

En 1984, mon ami Ricardo Mosner m'a invité à participer à la création du décor du clip vidéo que Philippe Gautier réalisait pour les Rita Mitsouko. Leur chanson *Marcia Baïla* allait connaître un énorme succès. C'est à cette occasion que j'ai réalisé ma première grande peinture, on la voit parfaitement dans la dernière partie du clip.

En 1985, le jeudi de l'Ascension, j'ai répondu à l'appel des Frères Ripoulin : quarante-cinq artistes se sont retrouvés à 6 h 30 du matin dans les rues du quartier de l'Opéra pour investir les panneaux publicitaires de quatre mètres sur trois qui parfois défigurent la ville, mais nous ont offert ici un magnifique support à tous nos délires et débordements graphiques. C'était excitant, provocateur et convivial ! Les Bazooka, les Vive La Peinture, les Musulmans Fumants et bien d'autres artistes s'emparaient des surfaces de cette galerie à ciel ouvert, dans un joyeux désordre rempli de couleurs. L'exposition sauvage ne dura que l'espace d'un long week-end, le temps que les annonceurs fassent recouvrir nos œuvres éphémères par de nouvelles affiches.

Page 56
La muse au musée
1990, huile sur toile,
130 x 162 cm

À cette époque j'avais un atelier à la Bastille dans une ancienne imprimerie et nous avions créé l'association Le Génie de la Bastille, puis la première opération Ateliers portes ouvertes. Ce genre de manifestations a fait florès depuis, partout en France. C'était alors un événement rare.

À cette occasion les précurseurs du street art, tels Jérôme Mesnager, Gérard Zlotikamien, Miss.Tic et tant d'autres, vinrent envahir les murs et les façades d'un passage, détruit depuis, et où la compagnie Royal de Luxe montra un de ses premiers spectacles de rue. Les initiatives collectives fleurissaient. On investissait des lieux en voie de démolition ou en déshérence, comme les Frigos ou les Grands Moulins de Paris, on squattait des usines fermées, d'anciens ateliers d'artisans, des bâtiments abandonnés et on couvrait ces espaces de nos peintures sans attendre que des professionnels nous découvrent. Nous allions directement au-devant du public. Ce fut une période courte, mais intense qui devait sceller le destin de beaucoup d'artistes de cette génération. Ce fut aussi, pour moi, une excellente manière de commencer la peinture, en m'affranchissant de diverses inhibitions.

Ensuite, du mur à la toile, il n'y avait qu'un pas.

En 1991, à la faveur d'une résidence d'artistes de trois mois au Château de La Napoule, j'ai pu travailler à plein temps sur une série de peintures sur toile débutée à la fin des années 1980.

Libéré des tâches quotidiennes et au contact stimulant d'une douzaine d'artistes très différents, Français et Américains, la situation était idéale.

Dans un atelier de belle taille, face à la mer, j'ai pu me livrer à une recherche formelle que je n'avais pas souvent eu l'occasion de pratiquer. Formes nouvelles, formats inédits, inspirations croisées.

J'avais déjà expérimenté le principe de la résidence d'artistes, lors de mon séjour aux États-Unis en 1986. J'avais été invité à Yaddo, une fondation qui accueille depuis plus d'un siècle des écrivains, des musiciens, des plasticiens, dans un cadre idyllique et très inspirant. Au Château de La Napoule, nous n'étions qu'une petite quinzaine. Nous nous partagions les espaces de création disséminés dans les diverses parties du bâtiment, un édifice baroque à l'architecture étrange et pleine de surprises.

Le soir, on se retrouvait pour dîner autour de la gigantesque cheminée, et les échanges allaient bon train entre photographes, peintres, cinéastes, romancières, plasticiens, artistes du textile. Toutes les générations étaient représentées, et tous les modes d'expression se côtoyaient dans une symbiose joyeuse.

Parler de son travail avec d'autres artistes, parler techniques, parler formes et méthodes, est quelque chose qu'on a rarement l'occasion de faire. Dans la journée, on se rendait visite d'un atelier à l'autre, et le soir on jouait aux échecs sur la terrasse ou on dansait dans la grande salle gothique. Ce bouillonnement de création a suscité des amitiés qui durent encore aujourd'hui.

LE CAMELOT

Ce portrait de l'artiste en camelot itinérant, apparu dès 1985, est pour moi un jalon important. Il ressemble à la première lame du tarot, le Mat, symbole de liberté et d'indépendance, de départ et de mouvement vers l'avant. Peut-être est-ce à ce moment que j'ai pris conscience du chemin que j'avais pris un peu par hasard.

Tout comme le Mat du tarot, le magicien, le bonimenteur, le camelot est à la fois divertissant et un peu suspect, aussi fascinant qu'inquiétant, peut-être même dangereux.

Le camelot
1985, acrylique sur toile,
99 x 116 cm

LES TROIS MOUSQUETAIRES

Les Trois Mousquetaires d'Alexandre Dumas sont quatre, comme chacun sait. Qui sait en revanche qu'Alexandre Dumas était le fils d'un brillant général d'armée ayant fait carrière pendant la Révolution française, d'origine haïtienne et métis ? En tant que « quarteron » et malgré sa célébrité et son génie littéraire, l'écrivain fut en butte au racisme de ses contemporains, auxquels il répondit toujours avec une verve aussi cinglante que l'épée de ses mousquetaires. Avoir fait entrer au Panthéon en 2022 le nom de sa grand-mère, Marie-Cessette Dumas, une esclave noire affranchie, me semble aujourd'hui la meilleure des revanches.

Les Trois Mousquetaires
1990, acrylique sur toile,
89 x 118 cm

TÊTE D'ENCLUME

Cinq ans après le même titre au pastel, revoici ma Tête d'enclume, mais à la peinture sur toile cette fois. On pourrait penser qu'elle s'est assagie… En cette année du bicentenaire de la Révolution française, je demeure toujours réservé face au patriotisme quand il conduit aux dérives meurtrières de l'histoire récente, mais je suis fier d'être Français, n'en déplaise à certains, bien que toujours aussi têtu. Si la liberté chère aux révolutionnaires a un coût, à mes yeux elle n'a pas de prix.

Tête d'enclume
1988, acrylique sur toile,
135 x 111 cm

Oiseau colère
1990, acrylique sur toile,
89 x 116 cm

3 x 3

Ce jour-là, devant cette toile d'un format plutôt grand pour moi, je ne savais comment me lancer. J'ai dessiné le chiffre 3 à l'envers et un profil est apparu, puis le reste s'est mis en place presque naturellement, sur un fond en damier. Il n'est pas rare que j'utilise ce motif, comme dans le pastel *Sur un damier*. Je suis un joueur d'échecs assez moyen, mais j'aime bien y jouer. Vais-je choisir les noirs ou les blancs ? Les racistes, quelle que soit leur couleur, m'ont souvent traité de « Bounty », du nom de la barre chocolatée garnie d'une crème de coco blanche enrobée de chocolat noir. Ce stéréotype, le plus souvent insultant, désigne des Noirs dont le comportement, les références et les représentations sont celles des Blancs. L'expression est couramment utilisée dans les Antilles françaises. Les anglophones utilisent le mot « Oreo », un autre biscuit aux mêmes caractéristiques. Il arrive pourtant que le terme soit accepté, voire revendiqué par les Noirs eux-mêmes. En ce qui me concerne, en tant que métis, né d'une mère blanche et d'un père noir, en France où j'ai toujours vécu, l'épaisseur de la nappe de chocolat qui recouvre mon « cœur » blanc varie selon les circonstances, et j'aime assez l'idée d'appartenir à deux univers aussi distincts l'un de l'autre. Entre le noir et le blanc, se déploient toutes les couleurs du monde ainsi que la richesse et la complexité qui les accompagnent.

3 x 3 ou *Grosse tête rêveuse*
1987, huile sur toile,
99 x 132 cm
Collection Redon

HOMMAGE À VÉRONIQUE WIRBEL

Ces deux toiles sont un hommage à mon amie Véronique Wirbel, tragiquement disparue. Elle-même artiste, Véronique fut parmi les premières à m'encourager et à me soutenir. J'ai été extrêmement choqué et très triste quand j'ai appris sa mort en 1990. Elle était tombée de la falaise d'Étretat. Accident ou suicide, on ne le sut jamais. La vision fantasmée que j'ai eue de la chute de cette femme au sommet de sa beauté et de son art me hantera jusqu'à la fin de mes jours.

Hommage à Véronique Wirbel
1990, acrylique sur toile, 89 x 116 cm

L'art de voler
1990, acrylique sur toile, 50 x 81 cm

Les sports d'hiver
1987, peinture sur toile,
173 x 108 cm

Sur le pont
1988, peinture sur toile,
116 x 81 cm

Duel au sommet
1990, acrylique sur toile,
54 x 73 cm

Masque aux oiseaux
1990, acrylique sur toile et
peinture, 97 x 130 cm

Portrait aux canaris
1990, peinture sur toile,
73 x 100 cm

Songe de l'éléphant
1990, acrylique sur toile,
73 x 93 cm

Lutteur
1988, acrylique sur toile,
54 x 65 cm

Homme vert à antennes
1990, acrylique sur toile,
50 x 61 cm

Les sorciers
1991, huile sur toile,
65 x 81 cm

Isabelle à la plage
1990, huile sur toile,
54 x 65 cm

William WILSON 90

Page 70
Mille trompettes
1988, peinture sur toile, 81 x 100 cm

La famille royale
1988, acrylique sur toile, 140 x 140 cm

Cuisine égyptienne
1987, acrylique sur toile, 100 x 100 cm

L'esprit du lieu
1990, peinture sur toile, 81 x 100 cm

Le flacon
1987, acrylique sur toile, 89 x 134 cm

La porte
1990, huile sur toile,
65 x 81 cm

LES RONDES AMÉRICAINES

À la suite des pastels de la série « Arizona Tour », j'ai réalisé une douzaine de grandes « Rondes » à la peinture à l'huile. Après avoir beaucoup travaillé l'acrylique par le passé, c'était la première fois que j'abordais une technique réputée plus difficile. Mais quelle richesse ! Les couleurs chatoyaient, et la palette infinie des nuances, leur subtilité et leur profondeur me permettaient de mieux rendre compte de la beauté des paysages américains.

Pages 73 à 77
Série « Rondes américaines »

Ronde américaine
1995, huile sur toile,
150 x 150 cm

Dead or alive
1995, huile sur toile,
150 x 150 cm

Anciens et modernes
1995, huile sur toile,
150 x 150 cm

Whimsical Katchinas
1995, huile sur toile,
150 x 150 cm

Prehistorical Ages
1995, huile sur toile,
150 x 150 cm

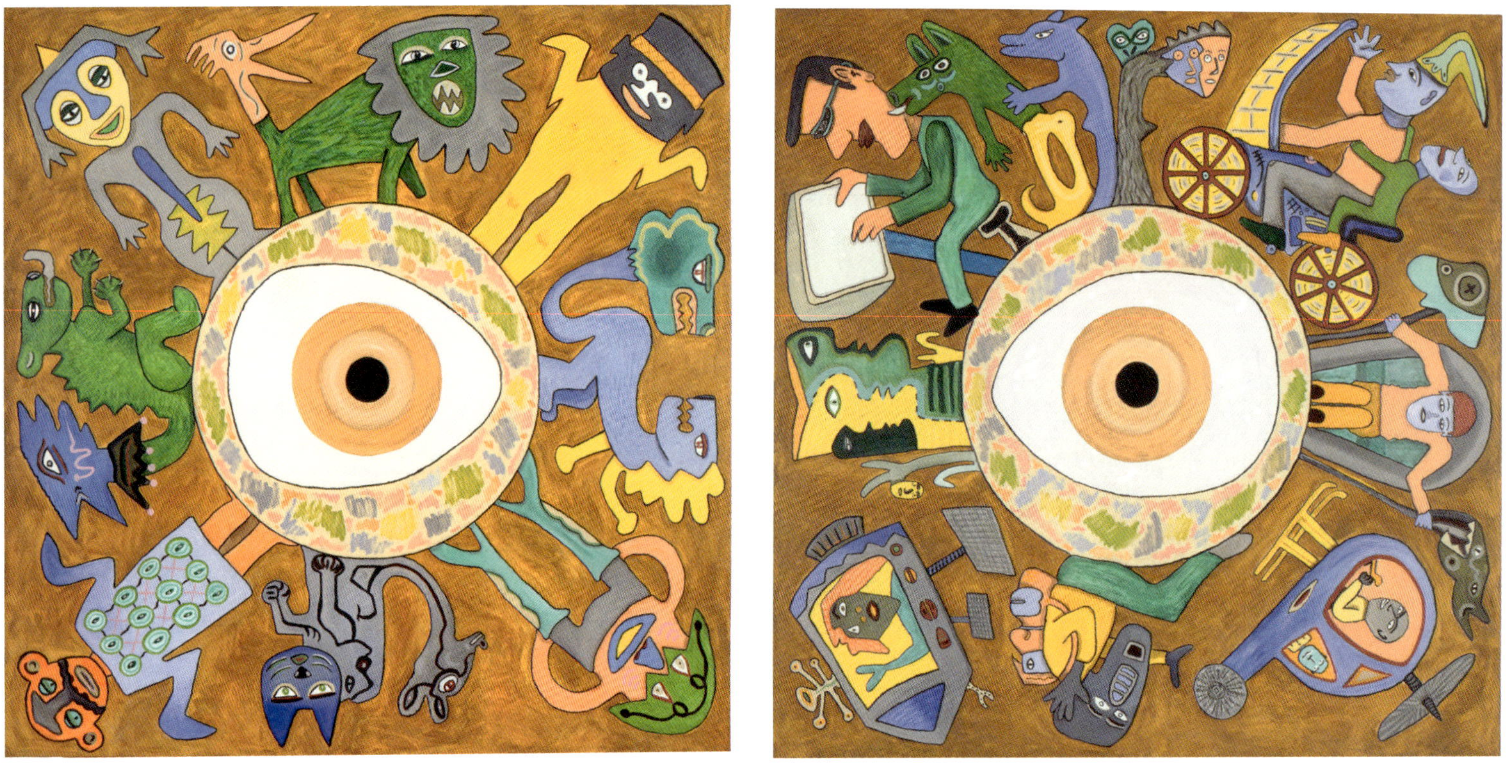

Les yeux, le regard
(diptyque)
1995, acrylique sur toile,
150 x 150 cm chaque

Clockwise Race
1995, huile sur toile,
150 x 150 cm

Le monde à l'envers
1995, huile sur toile,
150 x 150 cm

UN PAS DE CÔTÉ

LES COUVERTURES DE LIVRES

Le premier livre dont j'ai illustré la couverture était un roman de Saul Bellow, *Le faiseur de pluie*. D'autres ont suivi, souvent écrits par des grands noms de la littérature, tels Maryse Condé, Don DeLillo ou Roald Dahl. *La Nacelle* allait connaître une destinée inattendue. En illustrant avec ce tableau la couverture du roman de Daniel Picouly, un jeune auteur encore peu connu, je ne me doutais pas que son livre allait rencontrer un succès international. Grâce à ses nombreuses traductions, qui reprenaient souvent la couverture originale, ce tableau a été reproduit un nombre incalculable de fois, et dispersé de par le monde. *La Nacelle* a voyagé au-delà de toute espérance.

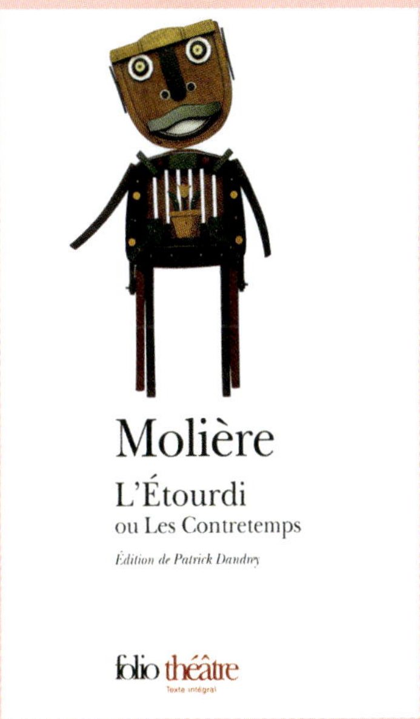

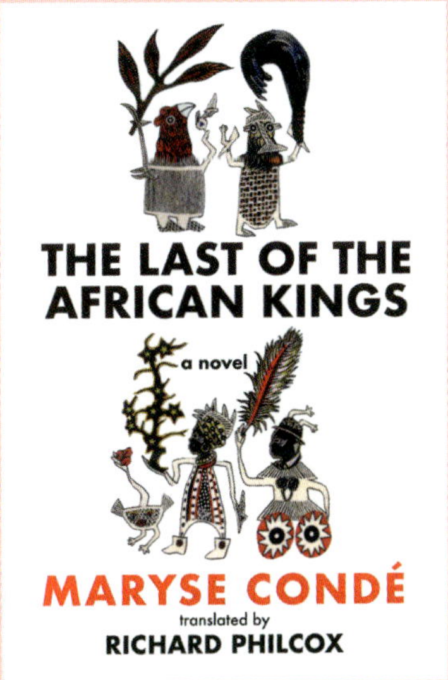

Page 78
La Nacelle
1991, huile sur toile,
81x100 cm

La Nacelle sur les couvertures des livres dans leur traduction en italien, en portugais et autres langues.

Couvertures des livres de poche parus.

LES LIVRES ET LES DESSINS

*VIVRE ET JOUIR DE LA VIE EST, STRICTEMENT PARLANT,
LA MÊME CHOSE QUE S'IMAGINER, SE DIRE ET SE RACONTER.*
Achille Mbembe

LES DESSINS DE VOYAGE

En 1985, j'ai été lauréat de la bourse « Villa Médicis Hors les murs » et j'ai passé six mois à New York. Pour la première fois de ma vie, une longue page blanche s'ouvrait devant moi, libre de toute astreinte et sans contrainte matérielle. Grâce à la bourse du ministère des Affaires étrangères, j'avais de quoi vivre et je pouvais me consacrer à mon art à plein temps. C'est lors de ce séjour dans « la ville qui ne dort jamais » que j'ai composé mon premier carnet de voyage. Chaque jour je dessinais une page, sans pour autant m'attacher à quoi que ce soit de particulièrement descriptif. Je ne cherchais pas à représenter les lieux tels que je les découvrais, mais plutôt à rendre compte de mon voyage intérieur. Je passais une grande partie de mon temps à arpenter cette ville-monde, le nez en l'air, grisé par la solitude du voyageur pour qui tout est intéressant, prétexte à réflexions, à comparaisons et à introspection.
En 1986, j'ai eu la chance d'être invité à Yaddo, la très célèbre résidence d'artistes située à Saratoga Springs, au nord de l'État de New York. Véritable institution culturelle, la fondation fêtera ses cent ans en 2026. La liste des artistes y ayant séjourné est impressionnante, dans tous les sens du terme, de Saul Bellow à James Baldwin en passant par Hannah Arendt, Philip Guston, Henri Cartier-Bresson et tant d'autres. Cela a été un véritable honneur d'y être reçu, et les quelques semaines que j'y ai passé furent un moment exceptionnel.
C'est à Yaddo que je me suis lié d'amitié avec Tobias Schneebaum. Peintre et dessinateur, Tobias était aussi anthropologue, connu pour ses études sur le peuple Asmat de Papouasie. Il avait été un activiste très virulent en défendant les droits civiques et les minorités dans les années 1960, puis s'était engagé dans les années 1980 dans la lutte contre le sida. Lorsque je l'ai rencontré, c'était un homme de 64 ans qui n'avait rien perdu de son énergie et de sa curiosité pour autrui. Ses nombreux voyages, sa vie avec les Asmats dans ce qu'on appelait encore l'Irian Jaya, la superbe collection de boucliers qu'il avait rapportée de chez eux et qu'il allait léguer au Metropolitan Museum of Art de New York, son regard transgressif sur le monde, tout cela me fascinait. Nous avons eu tant de conversations enrichissantes !
Il a écrit à Yaddo un petit article sur mon travail dont le titre, *Wild, Witty and Whimsical*, jouait avec le W, les doubles initiales de mon nom. Cette formule que l'on peut traduire par « Sauvage, spirituel et fantasque » devait être reprise à de nombreuses occasions par la suite.
Je n'oublierai jamais l'accueil et l'écoute qu'il réserva au novice que j'étais alors. Je voudrais ici lui rendre hommage, près de vingt ans après sa mort.

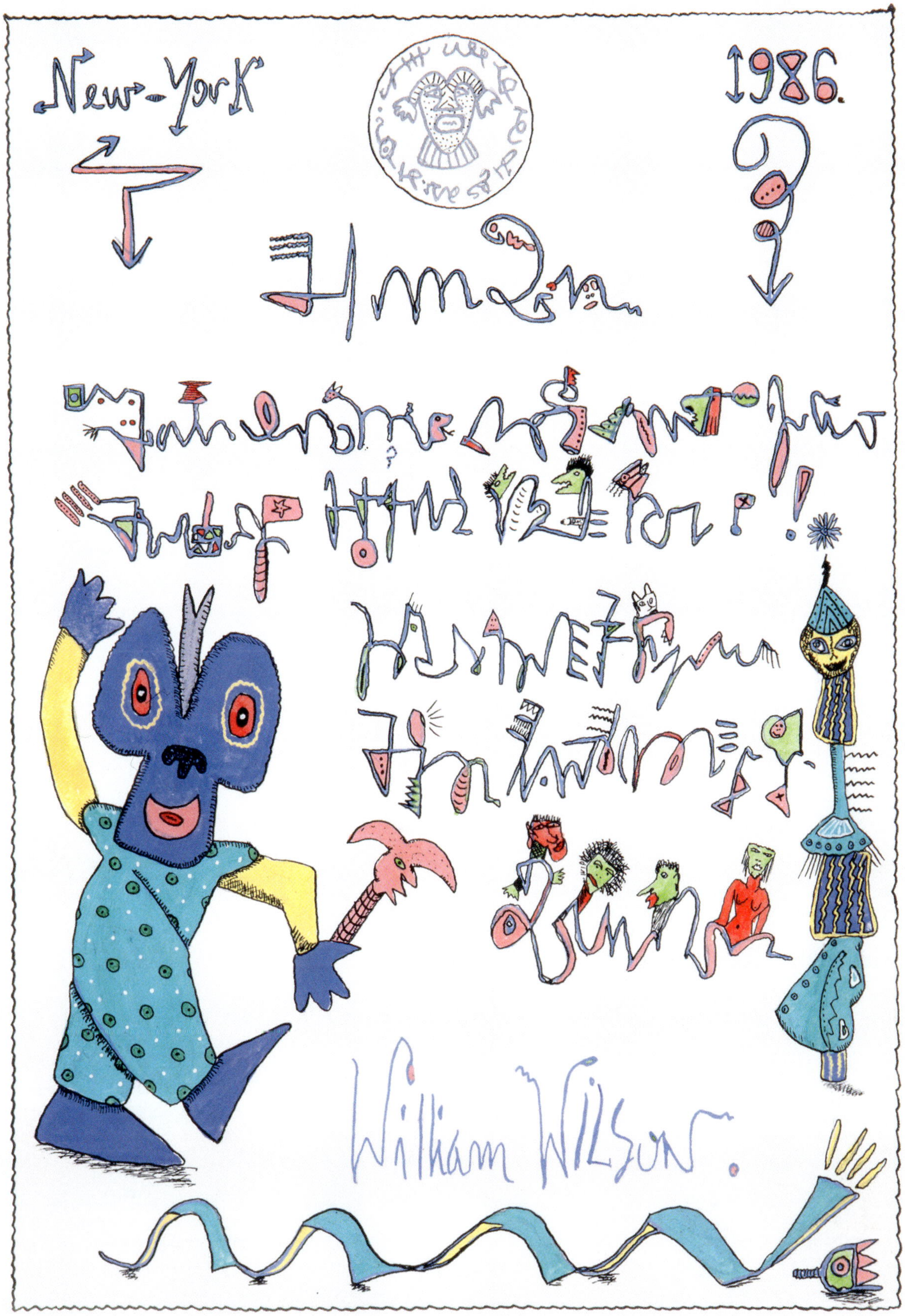

Journal de voyage à New York (page de titre)
1986, encre et pigment,
22 planches originales
28 x 38 cm

Journal de voyage à New York (extraits)
1986, encre et pigment,
22 planches originales
28 x 38 cm

Journal de voyage à New York (extraits)
1986, encre et pigment,
22 planches originales
28 x 38 cm

LIBERT

LES LIVRES UNIQUES

En 1990 une amie professeure, partie enseigner quelques années sur l'île de la Réunion, nous prêta sa maison en Bourgogne, dans un petit hameau proche de Cluny. Le décor environnant, vallonné et champêtre, particulièrement harmonieux, semblait s'étendre sous nos yeux depuis des siècles. Le poids de l'Histoire et du rayonnement de cet ancien cœur de l'Europe se faisaient sentir aussi bien dans les bâtiments – grandes fermes et maisons en pierre blonde, petites églises romanes nichées dans la campagne, châteaux médiévaux – que dans le paysage, façonné par les moines au début du millénaire… Au centre du bourg de Cluny tout proche, les vestiges de la grande église donnaient à voir ce qu'avait été la grandeur de l'abbaye, fondée en 910 par Guillaume le Pieux et devenue rapidement un centre religieux et spirituel majeur. Cluny rayonna dans toute l'Europe pour décliner à partir du XIIIe siècle en laissant des traces indélébiles dans toute la chrétienté.

J'ai toujours beaucoup aimé les œuvres d'art du Moyen Âge, aussi bien les sculptures et les peintures que les manuscrits enluminés. Je ne sais si cela vient de mon enfance dans l'Orléannais qui fut, à l'époque de l'apogée de Cluny, la principale résidence des rois de France et qui en conserve encore aujourd'hui de beaux souvenirs, mais j'ai toujours admiré ces grands livres manuscrits richement illustrés. *Les Grandes Chroniques de France*, souvent écrites par des moines pour les souverains et magnifiquement enluminées, montrent la France médiévale et dessinent l'histoire des rois. Celles de Jean le Bon («vaincu par le Prince noir») sont illustrées par l'artiste Mahiet, celles de Charles V ont fait travailler au moins cinq artistes renommés de leur temps et celles de Charles VII, à l'orée de la Renaissance, sont ornées des miniatures inouïes de Jean Fouquet.
C'est dans cette tradition que j'ai entrepris, inspiré par les paysages de la Bourgogne, de dessiner un «Livre d'heures», à la manière du plus fameux d'entre eux, celui du duc de Berry dont les *Très Riches Heures* sont enluminées par les trois frères de Limbourg, venus des Pays-Bas.
Ce travail minutieux et précis, qui me forçait à un dessin plus réaliste et à une recherche de composition plus contrainte, correspondait bien avec cette période de ma vie, calme et studieuse. La beauté et la profondeur historique de la Bourgogne invitaient à l'exigence et à la méditation.
Ce livre unique, qui comprenait des textes manuscrits d'Isabelle Jarry, a été relié magnifiquement par l'artisan-relieur Jean-Paul Laurenchet, grand spécialiste de la reliure «à motifs». Ce fut le premier des livres uniques que nous avons réalisés ensuite, toujours avec Isabelle Jarry et Jean-Paul Laurenchet : *Le Livre du Désert*, *Le Livre de la Musique*, le *Livre des voyages*, le *Livre de portraits* et enfin, dans un retour à la veine médiévale, le *Livre de songes*.

Pages 88 à 91
Livre d'heures
1990, dessins et textes originaux sur papier, reliure à motifs et boîte originale, 32 x 40 cm

12 MOIS
1 ANNÉE
IMAGES : William WILSON.
TEXTES : Isabelle JARRY.
-1990-

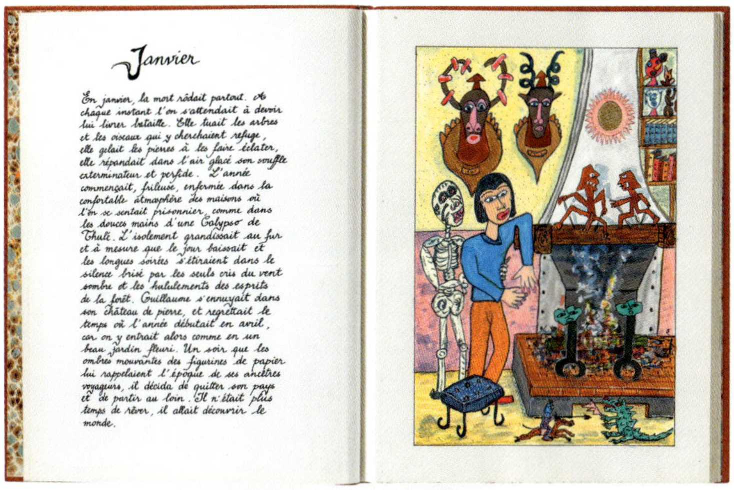
Janvier
En janvier, la mort rôdait partout. A chaque instant l'on s'attendait à devoir lui livrer bataille. Elle tuait les arbres et les oiseaux qui y cherchaient refuge, elle gelait les pierres à les faire éclater, elle répandait dans l'air glacé son souffle exterminateur et perfide. L'année commençait, frileuse, enfermée dans la confortable atmosphère des maisons où l'on se sentait prisonnier, comme dans les douces mains d'une Calypso de Thulé. L'isolement grandissait au fur et à mesure que le jour baissait et les longues soirées s'étiraient dans le silence brisé par les seuls cris du vent sombre et les hululements des esprits de la forêt. Guillaume s'ennuyait dans son château de pierre, et regrettait le temps où l'année débutait en avril, car on y entrait alors comme en un beau jardin fleuri. Un soir que les ombres mouvantes des figurines de papier lui rappelaient l'époque de ses ancêtres voyageurs, il décida de quitter son pays et de partir au loin. Il n'était plus temps de rêver, il allait découvrir le monde.

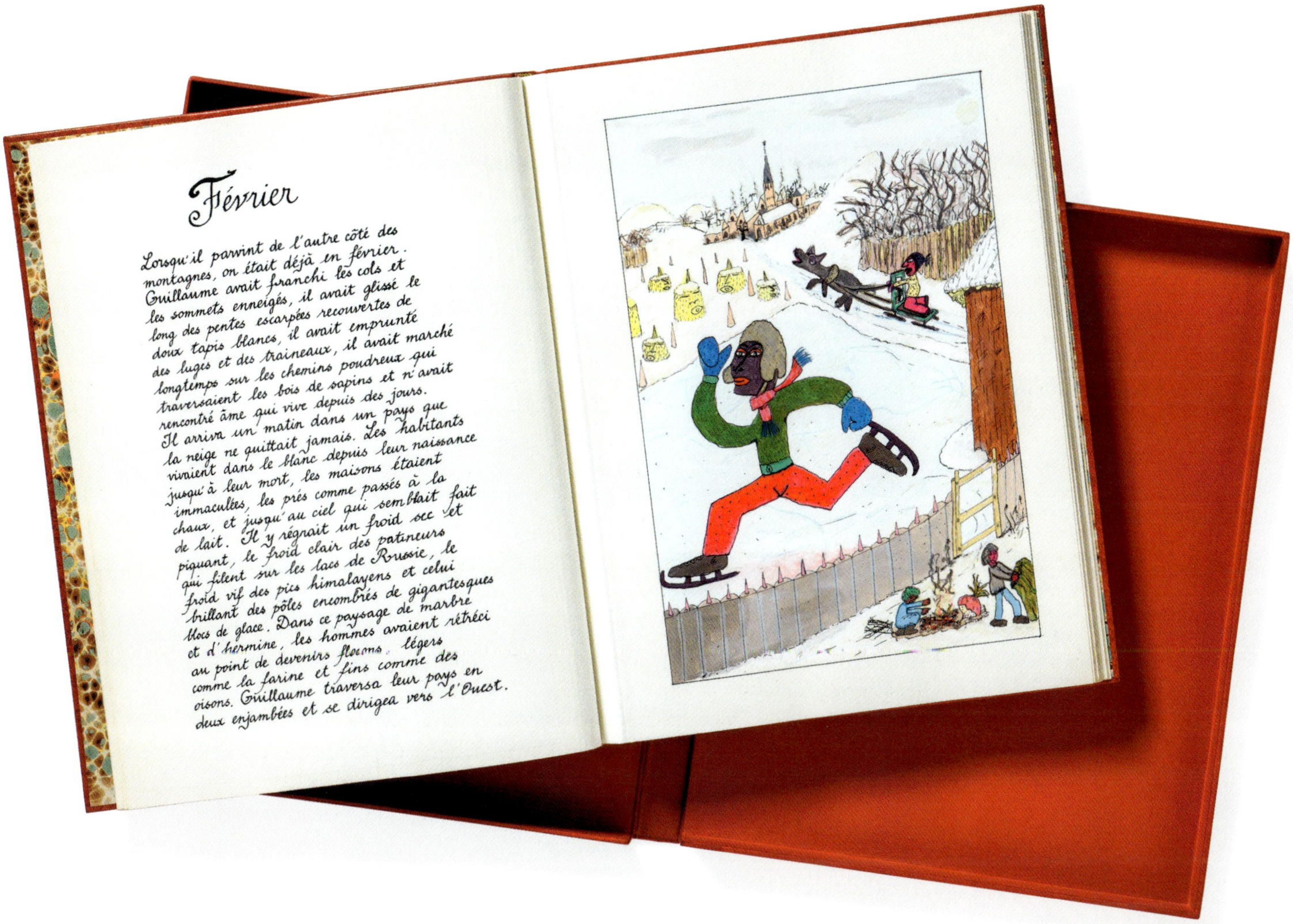
Février
Lorsqu'il parvint de l'autre côté des montagnes, on était déjà en février. Guillaume avait franchi les cols et les sommets enneigés, il avait glissé le long des pentes escarpées recouvertes de doux tapis blancs, il avait emprunté des luges et des traîneaux, il avait marché longtemps sur les chemins poudreux qui traversaient les bois de sapins et n'avait rencontré âme qui vive depuis des jours. Il arriva un matin dans un pays que la neige ne quittait jamais. Les habitants vivaient dans le blanc depuis leur naissance jusqu'à leur mort, les maisons étaient immaculées, les prés comme passés à la chaux, et jusqu'au ciel qui semblait fait de lait. Il y régnait un froid sec et piquant, le froid clair des patineurs qui filent sur les lacs de Russie, le froid vif des pics himalayens et celui brillant des pôles encombrés de gigantesques blocs de glace. Dans ce paysage de marbre et d'hermine, les hommes avaient rétréci au point de devenir flocons, légers comme la farine et fins comme des oisons. Guillaume traversa leur pays en deux enjambées et se dirigea vers l'Ouest.

Mars

Il parvint en mars en Afrique, c'est tout du moins ce qu'il croyait. Il entra dans des villes aux architectures jaunes de pierre végétale et de terre séchée, emplies d'arches et de minarets. Dans les champs pâturaient des monstres, de ces herbivores puissants que l'on ne rencontre que sur le continent noir. Les travaux des champs commençaient et des hommes tiraient des charrues sur des sols étiques, sans espoir d'en tirer autre chose que de maigres épis. Tout cela n'avait d'ailleurs aucune importance, car les sorciers étaient partout, qui remédiaient à tous les problèmes. Ce qui ailleurs aurait paru impossible ou terriblement difficile était ici accessible au plus petit des enfants. Guillaume tenta de parler aux sorciers, mais ils n'avaient pas sous la main le sortilège adéquat et ne pouvaient comprendre sa langue. Il s'en fut, déçu de ne savoir où il se trouvait. Il persistait à croire qu'il parcourait l'Afrique, et en fait il avait raison.

Avril

Lorsqu'avril s'annonça, Guillaume quitta l'Afrique et revint vers des climats plus frais. Il arriva au bord d'une rivière où des hommes plantaient des arbres, déjà poussés et tout fleuris. Ils lui expliquèrent que ces arbres renfermaient les Génies de la Nature et que ces Génies exigeaient d'être déplacés chaque année. Quand venait le printemps, les hommes déterraient tous les arbres, les couchaient sur le flanc et les laissaient profiter quelques jours de la position horizontale. Puis ils les replantaient à une place différente et les arbres alors soupiraient bruyamment, ce qui rendait les jardiniers fort malheureux. Ils auraient préféré laisser les arbres en place, mais les Génies de la Nature étaient intransigeants. Cela faisait des années que cette coutume était observée, et jamais les habitants de ce pays n'avaient tenté de s'y opposer. Les Esprits de la Rivière, bienveillants et généreux, leur offraient par ailleurs tout ce qui était nécessaire à leur bonheur. Il est vrai que dans ce pays, tout paraissait beau et serein. Guillaume les laissa avec leurs arbres et poursuivit sa route.

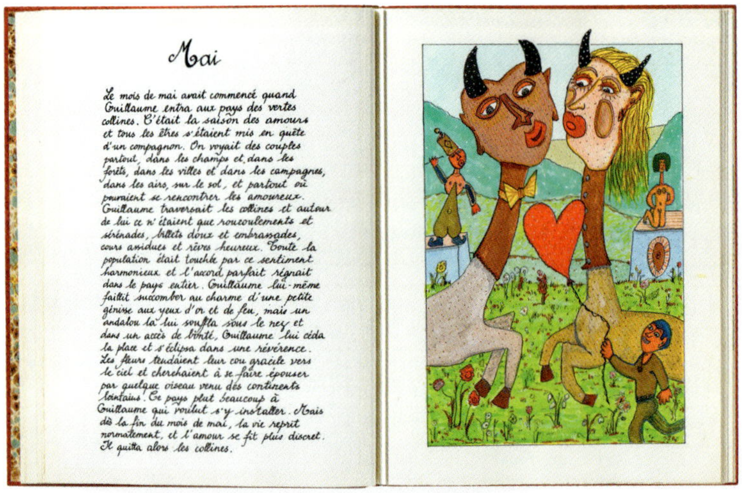

Mai

Le mois de mai avait commencé quand Guillaume entra aux pays des vertes collines. C'était la saison des amours et tous les êtres s'étaient mis en quête d'un compagnon. On voyait des couples partout, dans les champs et dans les forêts, dans les villes et dans les campagnes, dans les airs, sur le sol, et partout où pouvaient se rencontrer les amoureux. Guillaume traversait les collines et autour de lui ce n'étaient que roucoulements et sérénades, billets doux et embrassades, cours assidues et rêves heureux. Toute la population était touchée par ce sentiment harmonieux et l'accord parfait régnait dans le pays entier. Guillaume lui-même faillit succomber au charme d'une petite génisse aux yeux d'or et de feu, mais un andalou la lui souffla sous le nez et dans un accès de bonté, Guillaume lui céda la place et s'éclipsa dans une révérence. Les fleurs tendaient leur cou gracile vers le ciel et cherchaient à se faire épouser par quelque oiseau venu des continents lointains. Ce pays plut beaucoup à Guillaume qui voulut s'y installer. Mais dès la fin du mois de mai, la vie reprit normalement, et l'amour se fit plus discret. Il quitta alors les collines.

Juin

Cinq mois avaient passé depuis que Guillaume était parti de chez lui. En ce début du mois de juin, il commençait à être las de voyager. Il aurait voulu se reposer un peu, s'arrêter enfin et profiter de la beauté de cette fin de printemps. Il se rendit en Italie, où il rencontra un prince toscan qui l'invita à venir passer quelques jours en sa compagnie. Cet homme était un grand esthète et jouissait de toutes les faveurs que la nature ait jamais accordées à un mortel. Il passait de longues heures allongé dans les fleurs, tandis qu'autour de lui s'agitait la campagne, bourdonnante d'activité et de chaleur. Guillaume l'écoutait parler des maîtres de philosophie auprès desquels il avait appris la sagesse. Le prince dit à Guillaume que l'on ne trouvait rien de plus dans les voyages que ce que l'on portait en soi, et que c'était pour cette raison qu'il avait cessé de cheminer, après avoir fait plusieurs fois le tour du monde. Il restait maintenant toute l'année dans sa villa fraîche et ombragée, et comptait bien y séjourner jusqu'à la fin de sa vie. Il ne faisait rien d'autre que penser aux étoiles et à l'univers immense qui nous domine. Cette leçon de sagesse laissa Guillaume perplexe, et à la fin du mois de juin il avait décidé de s'en retourner chez lui. Il s'était beaucoup éloigné de son pays et devait voyager encore de nombreux mois. Mais il avait trouvé ce qu'il croyait chercher et cette pensée lui donna le courage de se remettre en route.

Juillet

Guillaume avança vite en juillet. Il franchit plusieurs frontières et traversa de nouveaux pays. Il vit des fleuves et des océans, des villes modernes aux hautes tours et des campagnes où tout était figé comme en une image du passé, élégante et fragile. Il vit des hommes exercer toutes sortes d'activités, des plus ancestrales aux plus étonnantes, il vit des bateaux et des ports, de douces prairies aux teintes délavées, des cieux purs et clairs, des eaux vives, des arbres pleins de sève et des animaux vigoureux, il vit des cités se construire et d'autres se détruire, il vit des gens actifs et d'autres inactifs, il vit l'été poser sur tous les paysages la teinte jaune de sa plénitude, il vit le monde dans sa diversité, dans ses bons et dans ses mauvais côtés, il pensa aussi à tout ce qu'il ne voyait pas mais qui existait quelque part, caché ou minuscule. Il comprit enfin ce qu'il y avait de délicieux à être en vie et se sentit soudain très heureux face aux multiples formes de l'existence universelle.

Août

Guillaume arriva en août au bord de l'océan et s'embarqua sur un navire. Il voguait au cœur d'un archipel immense et il n'y avait pas de jour où il ne passât au large d'une de ses îles. Il y en avait de minuscules, pas plus grandes qu'une maison, d'autres au contraire semblaient énormes et il ne pouvait en voir tout le contour lorsqu'il les abordait. Le plus souvent ces îles étaient inhabitées, mais alors qu'il sortait enfin du grand atoll et qu'il s'engageait vivement vers les flots verts et bleus qui s'ouvraient devant lui, il découvrit un curieux îlot où vivait une sphynge à tête de lion et corps de femme. Elle attirait les hommes et, telle Circé la magicienne avec les compagnons d'Ulysse, elle les jetait par-dessus bord une fois qu'ils avaient escaladé son promontoire. Son air doux et sensible cachait une nature féroce, et Guillaume s'écarta de cette île au parfum maléfique, non sans regret, car la sphynge était fort attirante sous la lumière qui donnait à sa peau de beaux reflets dorés. Détournant ses regards de l'île enchanteresse, il tira sur sa voile et le vent s'engouffra dans le foc déployé.

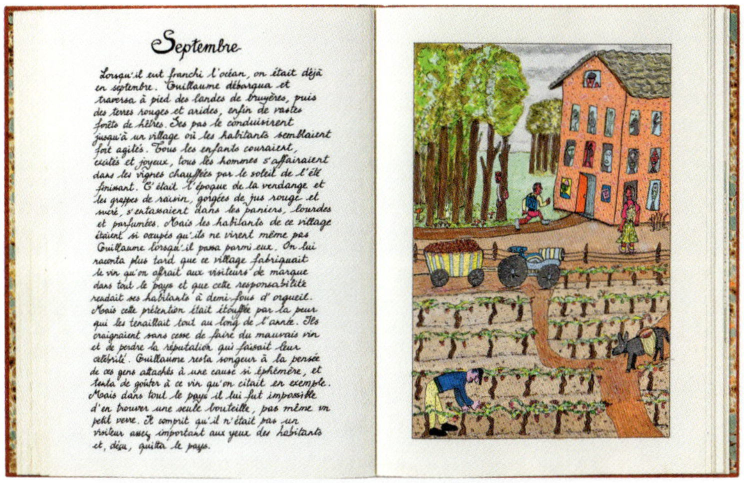
Septembre

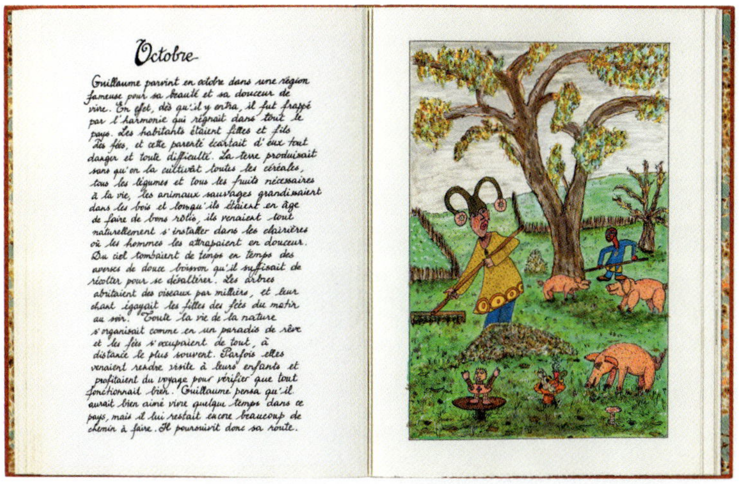
Octobre

Novembre

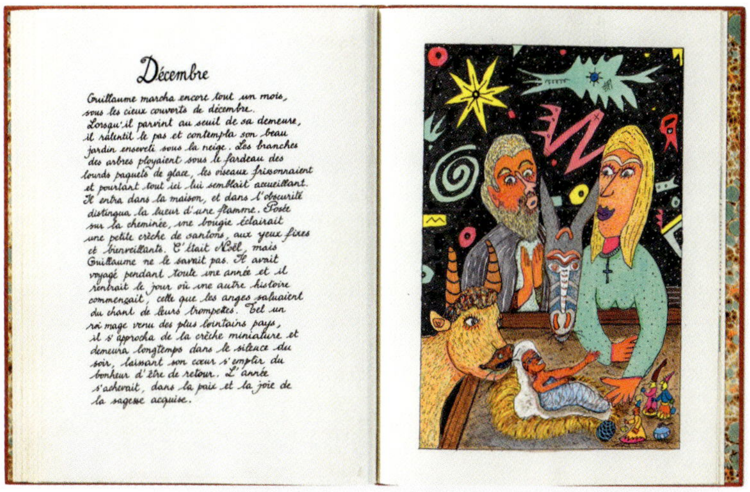
Décembre

LES TRÈS RICHES HEURES.
d'Isabelle JARRY et William WILSON
Fait en - Juin - Juillet - 1990 -
au "TRION" - CLUNY - FRANCE .71
* 12 Mois, une Année 1990 -
© - TOUS DROITS RÉSERVÉS -

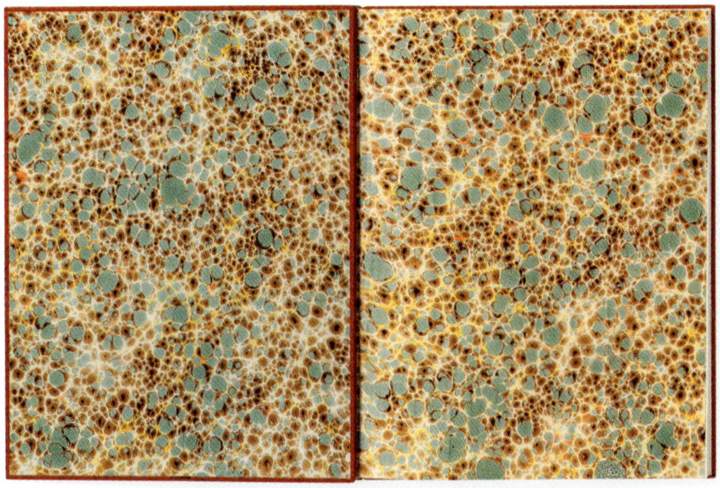

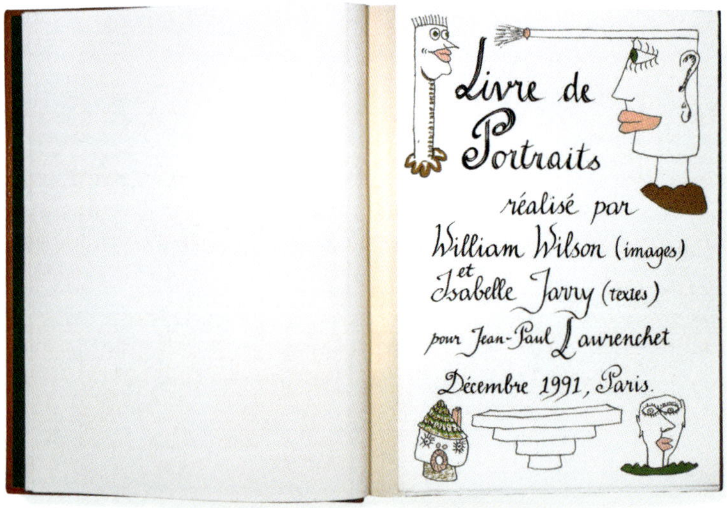

Pages 92 à 95
Livre de portraits
1990, dessins et textes originaux sur papier, reliure à motifs et boîte originale, 17 x 21 cm

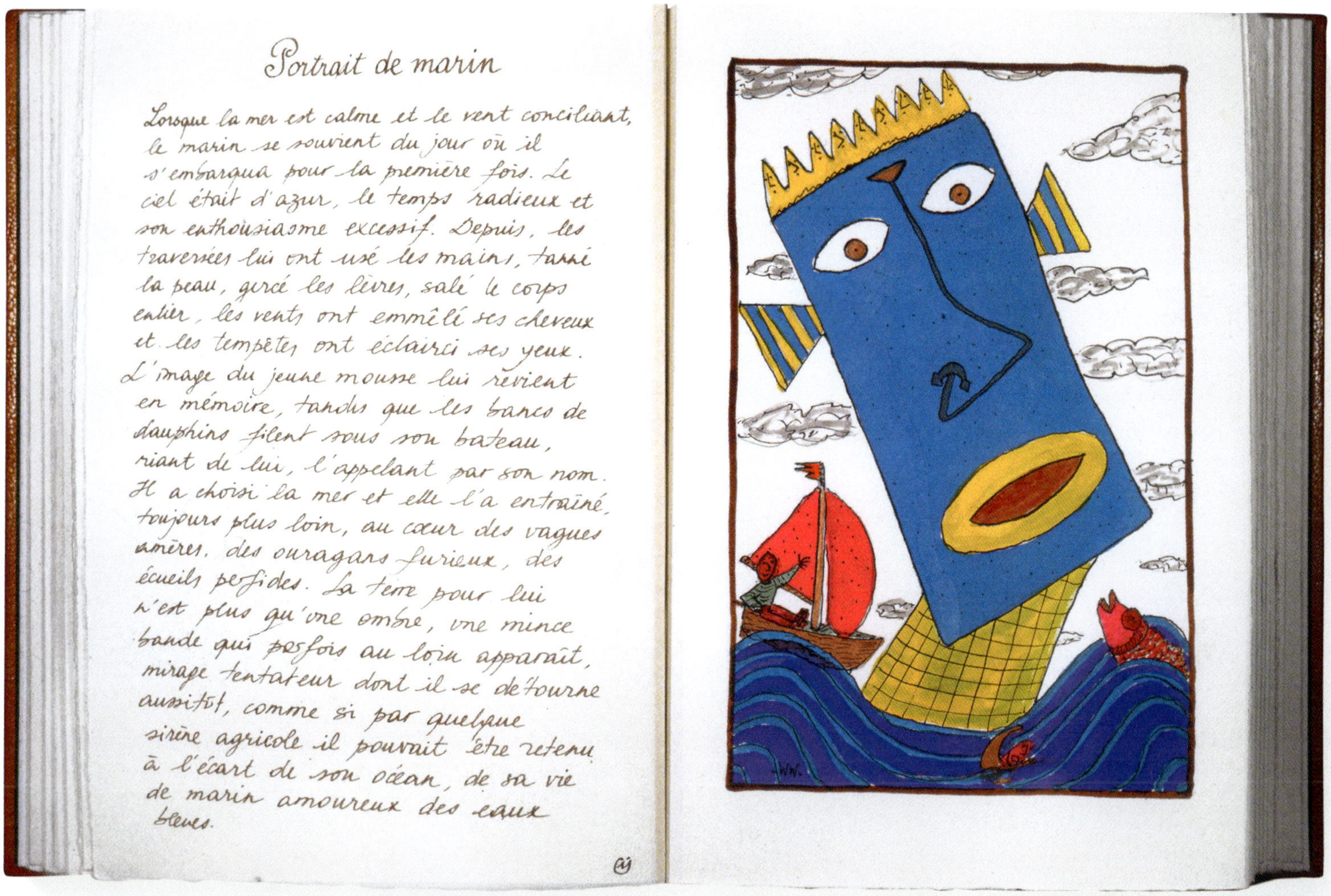
Portrait de marin
Lorsque la mer est calme et le vent conciliant,
le marin se souvient du jour où il
s'embarqua pour la première fois. Le
ciel était d'azur, le temps radieux et
son enthousiasme excessif. Depuis, les
traversées lui ont usé les mains, tanné
la peau, gercé les lèvres, salé le corps
entier, les vents ont emmêlé ses cheveux
et les tempêtes ont éclairci ses yeux.
L'image du jeune mousse lui revient
en mémoire, tandis que les bancs de
dauphins filent sous son bateau,
riant de lui, l'appelant par son nom.
Il a choisi la mer et elle l'a entraîné
toujours plus loin, au cœur des vagues
amères, des ouragans furieux, des
écueils perfides. La terre pour lui
n'est plus qu'une ombre, une mince
bande qui parfois au loin apparaît,
mirage tentateur dont il se détourne
aussitôt, comme si par quelque
sirène agricole il pouvait être retenu
à l'écart de son océan, de sa vie
de marin amoureux des eaux
bleues.

Portrait au soleil

Portrait d'homme-taureau

PORTRAIT DE LECTEUR

Durant plusieurs décennies, Jean-Paul Laurenchet a dirigé avec ses frères les Ateliers Laurenchet, créés à Paris par leur père, en 1947. Cet atelier familial de reliure a vu passer énormément de livres rares, souvent anciens, véritables pièces de musées pour certains, mais aussi d'autres plus ordinaires. La grande qualité de la reliure apporte à un livre une garantie de longue vie, car elle offre un « emballage » très luxueux à son contenu.

La reliure à motifs était une spécialité de Jean-Paul, qui nous a fait l'honneur de relier nos livres uniques. Nous avons composé pour lui ce *Livre de portraits*, qu'il a relié, bien sûr...

Livre des voyages
1990, dessins et textes originaux sur papier, reliure à motifs et boîte originale, 30 x 40 cm

Livre de songes
1990, dessins et textes originaux sur papier, 32 x 40 cm

DESSINS LOMÉ

En 1992 j'ai passé deux mois à Lomé, la capitale du Togo. J'en ai profité pour rencontrer les nombreux membres de ma famille et visiter le pays. J'y ai aussi réalisé une série de dessins dont ces deux exemples me sont chers. Ils ont été exposés au Centre culturel français. J'ai été particulièrement heureux d'y recevoir des parents pour leur faire découvrir le travail d'un des leurs, certes un peu décalé, sans doute un peu étrange à leurs yeux, mais qui n'avait pas tout à fait perdu le lien avec ses origines.
Le Togo est le premier pays indépendant du continent africain à avoir connu un coup d'État militaire. Sylvanus Olympio, son premier président élu en 1961, est assassiné en 1963. L'un des responsables de cet assassinat, le militaire Étienne Eyadéma Gnassingbé, prend le pouvoir deux ans plus tard, sous l'œil bienveillant de la France. Il restera président pendant trente-huit ans, toujours soutenu par les gouvernements français successifs, malgré les atteintes régulières aux droits de l'homme d'un régime autoritaire qui bafoue ouvertement les règles démocratiques. Après sa mort en 2005, son fils Faure Eyadéma lui succède. Il exerce encore le pouvoir à ce jour, faisant régner une atmosphère lourde et menaçante envers toute dissidence.
Mon séjour au Togo en 1992, et dans les années qui ont suivi, n'ont fait que confirmer ma condition inconfortable de métis, pris en tenailles entre la politique française en Afrique et une dictature militaire plus ou moins feutrée.
Si je devais définir mes origines, au-delà de ma condition de métis issu de la diaspora africaine, à la fois anglophone et francophone, et d'une famille française établie depuis des siècles dans le Val de Loire, je dirais que je suis surtout un Parisien, adopté par la capitale depuis plus de cinquante ans. Plus largement, je me sens citoyen du monde et habitant de la planète Terre.

Cérémonie à Aneho
1992, encre et pigment,
76 x 28 cm

Lomé
1992, encre et pigment,
76 x 28 cm

~ TOGO ~ Cérémonie à ANEHO ~ William Adjété WILSON ~ 1992 ~

~ Janvier à Lomé ~ William WILSON 92 ~ TOGO ~

L'AVENTURE BAGOUET

En 1980, j'habitais un studio sous les toits dans le quartier des Halles à Paris, tout près du trou béant laissé par la destruction des pavillons Baltard. J'avais pour voisin de palier Hervé Chastel, un très sympathique professeur aux Arts et Métiers. Nos portes étaient souvent largement ouvertes et nous circulions aisément d'un appartement à l'autre. C'est chez lui que j'ai rencontré en 1985 un de ses amis, Dominique Bagouet.

Quelle ne fut pas ma surprise lorsque, quelques années plus tard, celui dont j'ignorais qu'il fût chorégraphe me proposa une collaboration. Il venait de créer *Le Saut de l'ange* avec Christian Boltanski et me demandait de concevoir les costumes et les décors de son prochain ballet. Je ne me doutais pas alors qu'il était un des chorégraphes les plus inventifs et audacieux de l'époque, à l'initiative du Festival international Montpellier Danse et directeur du futur Centre chorégraphique national de Montpellier

« Mais Dominique, je n'y connais rien du tout », lui rétorquai-je. « Ne t'inquiète pas, c'est justement cela qui m'intéresse, tu ne seras pas seul, il y aura une équipe pour t'aider. » Je ne savais rien à l'époque du milieu de la danse et de la place centrale qu'occupait alors Dominique dans un monde en pleine transformation. Il m'invita à voir son dernier spectacle et je rencontrai les danseurs et danseuses de sa compagnie. C'est ainsi que je découvris l'univers merveilleux de la danse contemporaine et que débuta notre aventure commune sur *Les Petites Pièces de Berlin*. Avant d'être donné à la Biennale de la Danse à Lyon, le spectacle fut créé à Berlin en 1988, quelques mois avant la chute du mur en 1989. Dominique ne m'avait pas menti : je fus assisté par deux de ses fidèles, Christine Lemoine pour les décors et Dominique Fabrègue pour les costumes. Elles furent mes bonnes fées dans cette aventure.

Ce fut une tristesse immense pour moi et une perte irréparable pour la danse lorsque Dominique mourut du sida en 1992, peu de temps avant la découverte des trithérapies qui auraient pu le sauver et peu après l'entrée de sa pièce *So Schnell* au répertoire de l'Opéra de Paris.

La jaune
Toile de fond du second décor, 1988, acrylique sur toile, 10 x 5 m

Dominique Bagouet en solo devant la toile *La bleue*

Page 101
Affiche des *Petites Pièces de Berlin*, 1988

Suite Bagouet. En avion
1987, encre et pigment, 76 x 56 cm

Suite Bagouet
1992, encre et pigment, 76 x 56 cm

Danseurs et danseuses devant la toile *La bleue*

La bleue
Toile de fond du premier décor, 1988, acrylique sur toile, 10 x 5 m

LES PETITES PIÉCES de BERLIN
COMPAGNIE BAGOUET
CENTRE CHOREGRAPHIQUE NATIONAL MONTPELLIER LANGUEDOC-ROUSSILLON

LES SUITES

La série «Les suites» a été commencée au moment de ma collaboration avec le chorégraphe Dominique Bagouet qui m'avait commandé les décors et les costumes des *Petites Pièces de Berlin*. La fréquentation des danseurs et des danseuses m'a inspiré une déclinaison d'attitudes et imposé la gageure de traduire le mouvement en images fixes.

Huit suites Bagouet. L'aventure du Zigouigoui
1987-1988, encre et pigment, 76 x 56 cm chaque

LES CHAISES

UNE CHAISE EST UN TYPE DE SIÈGE, CONÇU POUR UNE PERSONNE ET COMPOSÉ D'UN OU PLUSIEURS PIEDS, D'UN SIÈGE PLAT OU LÉGÈREMENT INCURVÉ ET D'UN DOSSIER PLUS OU MOINS INCLINÉ. ELLE PEUT ÊTRE EN BOIS.

Réalisée de 1988 à 1993, la série des « Chaises, totems de foyer » est composée tout d'abord de masques, puis de bustes et enfin de personnages en pied.

Tout a commencé un jour de 1984 où j'ai cassé une chaise à laquelle je tenais beaucoup. Ne pouvant me résoudre à la jeter, je l'ai découpée pour n'en garder que le dossier. Un peu plus tard, j'ai remarqué que ce dossier et ses montants semblaient figurer une tête de taureau. Incidemment, je lui ai peint une bouche et des yeux et l'ai oubliée dans un coin. Jusqu'à ce que je trouve dans la rue une autre chaise originale (cassée elle aussi) à laquelle j'ai fait subir le même traitement. Puis j'en trouvai une autre et encore une autre. C'est étonnant le nombre de chaises brisées qui traînent dans les rues parisiennes ! Le déclic se produisit et je commençai à collecter systématiquement des sièges abandonnés, avant de les démonter, les réassembler et les peindre pour en faire des sculptures.

Quoi de plus humain qu'une chaise ? Chaque élément de cette pièce de mobilier essentielle est pensé en rapport à notre corps et à ses postures, sa forme, son poids, son usage. Par ailleurs, le siège est un objet du pouvoir symbolique. C'est aussi la chaise de l'absent et celle du visiteur.

Moi qui n'aime pas bricoler, à l'instar de l'artiste américain Alexander Calder qui prétendait « qu'il n'aimait pas bricoler, mais qu'il aimait bien le bricolage », je m'armai d'une perceuse, de plusieurs tournevis et de nombreuses boîtes de vis. Mon salon s'était transformé en atelier d'assemblage. La série compterait finalement soixante-seize pièces.

Page 104
Chaise sur la rampe
1990, assemblage bois,
47 x 140 x 14 cm

Page 106
L'homme à la cloche
1987, assemblage bois,
45 x 40 x 7 cm

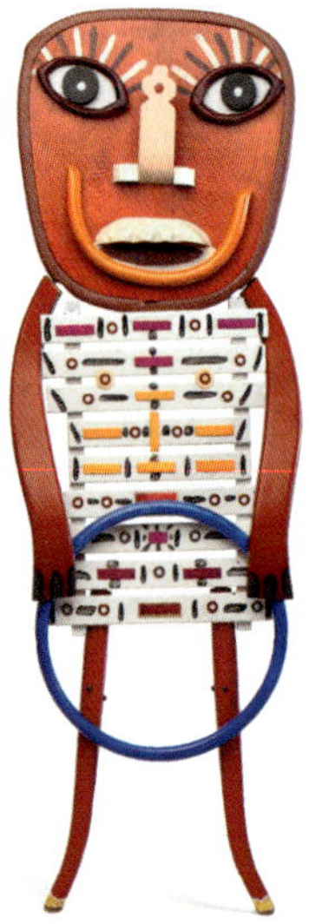

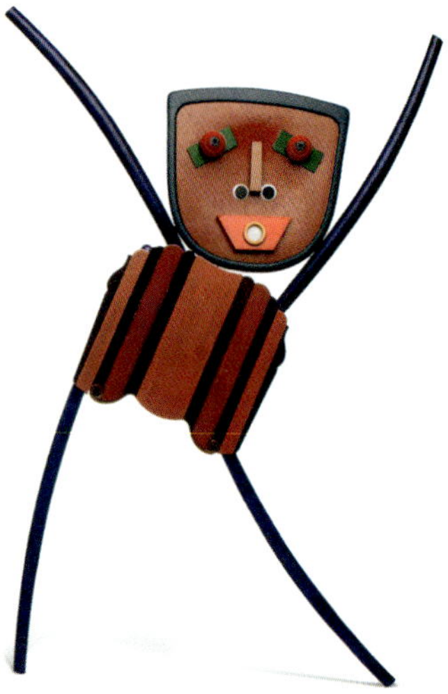

L'envol
1989, assemblage bois,
140 x 120 x 7 cm

Vierge et enfant
1989, assemblage bois,
89 x 123 x 7 cm

Chaise au cerceau
1989, assemblage bois,
40 x 118 x 10 cm

Chaise amoureuse
1989, assemblage bois,
81 x 105 x 6 cm

D'or et d'azur
1989, assemblage bois,
66 x 106 x 10 cm

Chaise amazone
1989, assemblage bois,
53 x 103 x 12 cm

Chevalier aux nattes
1989, assemblage bois,
87 x 110 x 12 cm

Le danseur de claquettes
1989, assemblage bois,
90 x 130 x 12 cm

Night clubbing
1989, assemblage bois,
110 x 155 x 12 cm

LES JUMEAUX DES ÉTOILES

Lorsque je réalisais la série des « Chaises », je les trouvais principalement dans la rue, sur le trottoir. Parfois cependant mes amis m'en apportaient, comme ce jour où Jérôme Mesnager, le créateur du « bonhomme blanc », me rendit visite avec en cadeau une chaise blanche. Par un hasard improbable, j'avais trouvé quelque temps auparavant exactement le même modèle, mais de couleur noire. De là sont nés *Les jumeaux des étoiles*, à partir du mélange des morceaux de ces deux chaises, celle du bonhomme blanc et celle du bonhomme noir.

Durant cette période très féconde où j'ai travaillé avec de vieilles chaises pour seul matériau de base, j'ai été frappé par l'inventivité des formes, mais aussi par la solidité et la stabilité de nombreux modèles, alliées à leur élégance et à leur beauté. Les designers et les industriels se sont surpassés avec cet objet on ne peut plus quotidien, sur lequel on s'assoit des centaines et des milliers d'heures. Ma série de « Chaises » m'a offert un survol des tendances du design et des différents styles sur tout le XXe siècle. Ce voyage esthétique m'a passionné.

Les jumeaux des étoiles 1 et 2
1989, assemblage bois,
55 x 110 x 10 cm

Le jardinier
1990, assemblage bois,
80 x 125 x 9 cm

Chat-chaise
1989, assemblage bois,
65 x 107 x 14 cm

L'homme à la virgule
1989, assemblage bois,
44 x 128 x 10 cm

Poisson-chaise
1989, assemblage bois,
69 x 160 x 15 cm

Le plongeur
1989, assemblage bois,
50 x 170 x 8 cm

L'orateur
1989, assemblage bois,
60 x 140 x 10 cm

CHAISE EN FLEUR

Cette série d'assemblages est principalement faite de morceaux de chaises. Il me fallait néanmoins de petits éléments en bois pour les détails des visages ou des corps. Le plus difficile était les nez. J'écumais les marchés aux puces et autres vide-greniers pour trouver des formes adéquates.
Lors d'un séjour au Togo, alors que j'arpentais le marché aux fétiches de Lomé, j'ai demandé aux apprentis sculpteurs de me fabriquer une douzaine de nez en bois à partir de mes croquis. J'ai vécu un moment étrange lorsque je suis revenu chercher ma commande. Nous étions accroupis dans une cahute remplie d'objets hétéroclites, les murs surchargés de peaux et de plumes, de plantes et d'animaux desséchés, de ferrailles, de boîtes et de sachets au contenu mystérieux.
Qu'étais-je en train de faire exactement ? Acheter des nez ? À l'endroit même où pendant trois siècles avaient été vendus des êtres humains, sur ce que l'on nommait alors « la Côte des Esclaves ». Face à moi, mes fabricants de fétiches ne voyaient là rien d'insolite. J'imagine qu'ils en avaient vu d'autres… À leurs yeux j'étais venu acheter, comme beaucoup d'autres sur ce marché, de quoi faire une cérémonie. Et c'est bien ce que je cherchais : accomplir le rite universel qui consiste à évoquer l'irrationnel et à manipuler le monde invisible par tous les moyens que nous offre l'imagination.

Chaise en fleur
1992, assemblage bois,
128 x 104 x 23 cm

Couple d'ancêtres 1 et 2
1987, assemblage bois,
45 x 56 x 4 cm

Chaise du clown
1990, assemblage bois,
65 x 55 x 9 cm

Chaise satyre
1989, assemblage bois,
65 x 70 x 13 cm

Chaise à la diable
1989, assemblage bois,
54 x 43 x 7 cm

Chaise au ventre bleu
1989, assemblage bois,
97 x 57 x 8 cm

Chaise comète
1990, assemblage bois,
106 x 51 x 10 cm

Masque à moustaches
1989, assemblage bois,
72 x 60 x 7 cm

Chaise de l'aigle
1989, assemblage bois,
110 x 74 x 17 cm

Chaise léopard
1989, assemblage bois,
59 x 64 x 19 cm

Masque d'ours
1989, assemblage bois,
75 x 45 x 10 cm

Casque d'or
1988, assemblage bois,
42 x 68 x 8 cm

Masque à colonnes
1989, assemblage bois,
53 x 84 x 10 cm

Masque au sourire
1989, assemblage bois,
57 x 65 x 12 cm

Chaise au cerceau
1989, assemblage bois,
40 x 118 x 10 cm

Chaise fumeuse
1989, assemblage bois,
40 x 92 x 15 cm

Chaise d'enfant
1989, assemblage bois,
49 x 90 x 5 cm

Rastamasque
1989, assemblage bois,
64 x 92 x 12 cm

Masque au poisson
1989, assemblage bois,
65 x 84 x 6 cm

Chaise des bois
1992, assemblage bois,
38 x 69 x 8 cm

Masque au soleil
1988, assemblage bois,
62 x 80 x 15 cm

Masque à casque
1988, assemblage bois,
48 x 63 x 8 cm

Chaise bélier
1989, assemblage bois,
40 x 71 x 13 cm

L'ENFANT DES BARRICADES

1989. *L'enfant des barricades* ressuscitera Gavroche pour le bicentenaire de la Révolution française, comme un cri de liberté combattante.

L'enfant des barricades
1989, assemblage bois,
75 x 145 x 18 cm

Masque à œillères
1989, assemblage bois,
38 x 64 x 14 cm

Chaise à la bouche jaune
1989, assemblage bois,
50 x 60 x 7 cm

Mini chat-chaise
1989, assemblage bois,
28 x 25 x 5 cm

Masque en tranches
1989, assemblage bois,
38 x 38 x 10 cm

Masque en écu
1988, assemblage bois,
40 x 58 x 8 cm

CHAISE HUMAINE

Du trône à la chaise percée, tout était possible et chaque nouvelle forme prenait un sens particulier. Le bois patiné par les années, les traces d'usure ou de peinture, le style de la chaise ; tout était un sujet d'inspiration et les compositions à partir d'un meuble sans prétention, mais essentiel, pouvaient mener à un danseur déhanché, un rasta hirsute, un plongeur athlétique ou un masque de zombie.

Page 118

Portrait de chaise
1990, assemblage bois,
44 x 53 x 11 cm

Chaise percée
1989, assemblage bois,
60 x 85 x 12 cm

Masque à quatre pattes
1988, assemblage bois,
65 x 65 x 7 cm

Chaise indienne
1992, assemblage bois,
48 x 65 x 10 cm

Chaise américaine
1992, assemblage bois,
55 x 57 x 14 cm

Chaise classique
1989, assemblage bois,
51 x 46 x 16 cm

Chaise humaine
1992, assemblage bois,
97 x 109 x 13 cm

LE VENTRE DE L'OGRE

L'ogre vient clore la série, tel Chronos dévorant ses enfants. À l'orée des années 1990, la « marchandise » était partout. Les rebuts et déchets nous envahissaient de plus en plus. La société de consommation battait son plein, dans une course à la possession de plus en plus effrénée. J'étais révolté par toutes les richesses gaspillées inconsidérément et j'ai pris grand plaisir à recycler et ressusciter ces petits animaux à quatre pattes si familiers.

C'est avec les « restes », les menus morceaux traînant çà et là dans l'atelier que j'ai « farci » cet ogre goguenard, tel un symbole de l'inexorable loi d'entropie à laquelle la matière est soumise dans notre univers en perpétuelle et irrésistible transformation. Ironie des destinées, cette pièce est dorénavant chez un praticien spécialiste du ventre.

CHAISE RÉVERSIBLE

Dès mes débuts j'ai souvent joué à tourner et retourner ma feuille de papier ou ma toile en plein travail. La plupart du temps, je finissais par choisir un sens et rien de perceptible ne subsistait de mes hésitations, mais parfois je ne pouvais me résoudre à choisir et j'acceptais alors le défi de faire en sorte que le tableau reste lisible dans les deux sens.

Ici, figurent deux exemples caractéristiques de ce processus : la sculpture *Grand masque réversible* qui figure d'un côté une tête couronnée, de l'autre un masque simiesque ; plus loin, le collage wax *Vodoun réversible* qui représente d'un côté la jeunesse, de l'autre la vieillesse.

Le ventre de l'ogre
1989, assemblage bois,
51 x 112 x 15 cm
Collection Nicolina

Grand masque réversible
1988, assemblage bois,
60 x 100 x 12 cm

Masque en larmes
1990, assemblage bois,
55 x 54 x 20 cm

Chaise barbare
1989, assemblage bois,
44 x 49 x 15 cm

Masque au balcon
1989, assemblage bois,
62 x 73 x 6 cm

Masque à carreaux
1989, assemblage bois,
44 x 57 x 10 cm

Chaise solaire
1990, assemblage bois,
d. 80 x 6 cm

Masque en bleu
ou *Le poète*
1989, assemblage bois,
49 x 62 x 6 cm

UN PAS DE CÔTÉ

TÊTE À TIROIR

Les deux éléments principaux de cette sculpture sont un vieux moulin à café ayant appartenu à la grand-mère de ma compagne et une «marotte» trouvée dans les poubelles d'une fabrique de chapeaux qui venait de fermer, près du canal de l'Ourcq, à Paris. Cette pièce de bois en forme de tête avait dû servir de très nombreuses années à modeler des chapeaux. Elle m'inspira immédiatement une sculpture sur laquelle, évidemment, je posai un de mes propres chapeaux. Les personnages qui l'accompagnent sont faits d'une part avec les ébauches de petites sculptures achetées sur le marché aux fétiches de Lomé, au Togo, et d'autre part de gros flotteurs de pêche à la ligne chinés dans un vide-grenier. Ces assemblages hétéroclites sont rares, car ils sont toujours inspirés par une trouvaille particulière.

Tête à tiroir
1988, assemblage bois, feutre, nacre, plume, métal,
21 x 43 x 25 cm

LES TENTURES

UN VASTE OCÉAN, TOUJOURS NOIR, TOUJOURS VIVANT

Ana Lucia Araujo
Historienne

Si quinze ans après sa création, *L'Océan noir* de William Adjété Wilson est toujours provocateur, il reste néanmoins absolument pertinent. Cet ensemble de dix-huit tentures fait appel à la technique des appliqués, qui s'est développée en Afrique occidentale et surtout dans l'ancien royaume du Dahomey il y a plusieurs décennies. William Adjété Wilson y invite le spectateur à voyager à travers le temps et l'espace, entre l'Afrique, l'Europe et les Amériques pour interroger l'histoire douloureuse de la traite des personnes mises en esclavage, racontant ainsi une histoire commune aux populations de la diaspora africaine, notamment dans le monde atlantique. L'œuvre de Wilson demeure vivante et établit un dialogue riche avec l'histoire et la mémoire des populations d'origine africaines aux États-Unis et au Brésil, les deux plus grandes sociétés esclavagistes des Amériques.

Page 124
Kakémono
2019, appliqué, 47 x 150 cm

Dans l'atelier d'Abomey, Bénin, 2009

Ce récit n'est pas une histoire en noir et blanc mais un tableau nuancé, où Wilson met en lumière, à travers ses formes et ses couleurs, non seulement les bourreaux et leurs victimes mais aussi les intermédiaires africains impliqués dans le commerce transatlantique des esclaves, un univers peuplé de rois dahoméens et de marchands de chair humaine. *L'Océan noir* dépeint aussi la réalité physique de la traite en décrivant des lieux comme les comptoirs commerciaux et les entrepôts d'esclaves de l'Afrique occidentale. En s'inspirant des récits oraux ouest-africains sur la traite négrière, le plasticien évoque les lieux de détention avant l'embarquement des captifs sur les navires négriers et leur transport à travers le vaste océan Atlantique. Cette approche en dialogue rappelle les initiatives récentes de mise en valeur de l'histoire et du patrimoine de l'esclavage à travers notamment les films et des mémoriaux qui ont vu le jour aux États-Unis, au Brésil, mais aussi en Europe.

Bien que les traumatismes et l'oubli soient profondément enracinés dans l'expérience du « Passage du milieu », Wilson montre comment les sociétés africaines et des ancêtres africains conservent en mémoire leur mise en esclavage. En s'appuyant sur la mémoire et les récits oraux encore vivants en Afrique occidentale, *L'Océan noir* établit un lien continu entre la traite négrière atlantique et la colonisation européenne de l'Afrique. Un lien qui nous renvoie aux travaux de Walter Rodney et que l'on retrouve également dans les créations d'artistes africains contemporains comme Chéri Samba et Sammy Baloji.

En combinant le temps et l'espace, *L'Océan noir* montre comment histoire, art et mémoire s'articulent pour complexifier notre compréhension de l'héritage esclavagiste. À une époque où cet héritage est au centre des débats publics aux États-Unis et partout dans les Amériques, l'œuvre de Wilson apporte une perspective toujours plus audacieuse sur l'histoire de la traite esclavagiste et du devoir de mémoire qui doit en découler.

La broderie, Atelier d'Abomey, Bénin, 2009

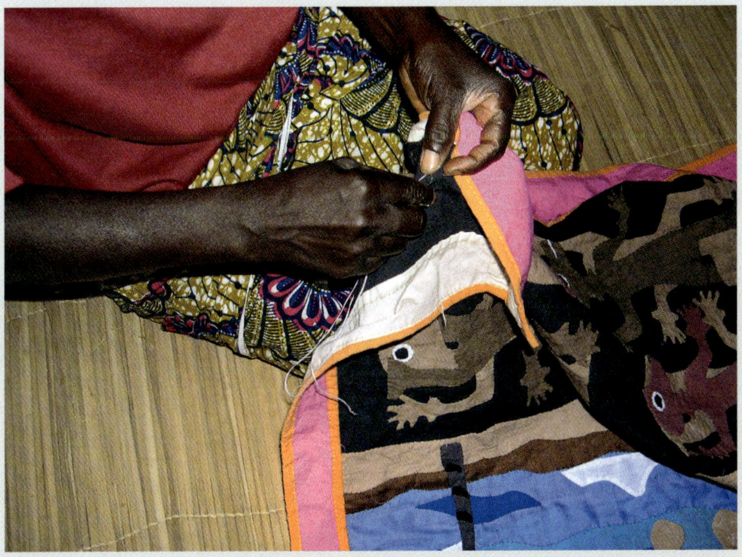

L'Océan noir est un ensemble de 18 tentures en appliqué de coton polychrome. Réalisée au CACB, Abomey, Bénin en 2008 et 2009.

Les titres
167 x 74 cm

JE SUIS UN HUMAIN, ET C'EST TOUT LE PASSÉ
DU MONDE QUE J'AI À REPRENDRE.
Frantz Fanon

J'ai découvert tardivement ma famille africaine. Durant mon enfance à Orléans, mon père ne m'en avait jamais parlé. Né au Togo, il fut très jeune envoyé en pension en Angleterre, comme c'était la tradition dans sa famille. Son histoire compliquée et conflictuelle avec ses parents l'a fait en quelque sorte renier cette part de lui-même, qu'il n'a pas souhaité communiquer à ses enfants. Mes parents ont accepté de m'envoyer au Togo juste après mon bac, c'était le «cadeau» que je leur avais demandé. La surprise de découvrir le pays d'origine de mon père fut immense, mais le choc de comprendre que je descendais d'une grande famille notoirement connue, l'a été plus encore.

En rencontrant «Babou», mon arrière-grand-mère togolaise, dernière princesse de la dynastie Lawson, j'ai pris conscience que j'avais été privé depuis ma naissance de tout un pan de mon ascendance. À presque cent ans, ce fut elle, qui ne parlait qu'allemand et anglais (en plus des langues africaines qu'elle pratiquait), qui m'apprit mon prénom «princier», puisque comme dans de nombreuses aristocraties, le prénom renseigne sur la place que l'on occupe dans la lignée.

Pour ma part, j'étais «Adjété», fils aîné du fils aîné du fils aîné, etc.

La vieille dame venait de me l'expliquer et de m'introduire dans la longue histoire de ma famille africaine.

Ce n'est que bien plus tard que je me suis penché sur les archives familiales, qui sont nombreuses et bien documentées par les historiens, puisque l'on dispose, depuis la fin du XVIIIe siècle, de documents écrits qui renseignent à la fois sur ma famille et sur la formation et l'élargissement de ces petits royaumes de la côte, enrichis grâce à leurs liens ancestraux avec les commerçants européens croisant au large du Togo et du Bénin, ce qui allait les entraîner dans la terrible aventure de la traite négrière.

J'appartiens au clan La, qui regroupe plusieurs familles d'Aného dont les Wilson-Bahoun et les Lawson-Zankli.

Mes ancêtres lointains, dont mes familles portent le nom, étaient des négociants écossais avec lesquels ils commerçaient depuis le XVIIIe siècle et même parfois nouaient de vraies alliances par mariage.

J'ai découvert, avec stupeur et effroi, que ces familles dont je suis l'héritier avaient participé au commerce triangulaire, côté africain. Il fallait bien des intermédiaires locaux aux trafiquants d'esclaves européens dont les bateaux chargés de captifs partaient vers l'Amérique, vers le Brésil, vers les Caraïbes… Les principautés de la côte endossèrent cet habit qui allait les enrichir. La ville côtière de Ouidah au Bénin, qui fut l'un des principaux centres de vente et d'embarquement d'esclaves durant la période du commerce triangulaire, est distante d'une soixantaine de kilomètres d'Aného où fut édifié le « palais royal » de ma famille, et qui en est encore le cœur spirituel.

Les Lawson et les Wilson, ces deux familles du peuple Guin, dont l'extension va du Ghana au Nigeria actuels, s'étaient partagé l'exercice du pouvoir : aux Lawson l'exécutif et le gouvernement, aux Wilson les affaires spirituelles.

Par ailleurs, par la branche maternelle de mon père, je suis relié aux familles dites « brésiliennes », composées de descendants d'anciens esclaves revenus sur la côte africaine dès la fin du XVIIIe siècle, après avoir été déportés en Amérique du Sud. Ma grand-mère paternelle était une D'Almeida.

L'appartenance à cette autre branche vient ajouter un peu plus de complexité à mon cas, puisque bien souvent ces « Brésiliens », déjà fortement occidentalisés par les Portugais du Brésil, ont, une fois de retour en Afrique, pratiqué à leur tour la traite des esclaves depuis le port de Ouidah, lieu de naissance de ma grand-mère.

J'ai voulu, en créant la série de tentures *L'Océan noir*, retracer cette histoire et témoigner, depuis la place singulière qui est la mienne, de ce passé « qui ne passe pas », selon la formule particulièrement adaptée à un pan si douloureux de l'histoire africaine.

J'ai choisi pour la représenter la technique des appliqués, art ancien pratiqué au Bénin depuis des siècles pour fabriquer tentures historiées et drapeaux vodou. J'ai travaillé dans l'atelier de Yves Kpédè à Abomey au Bénin, avec des artisans locaux dépositaires de ce savoir couturier. À partir des « patrons à découper » que j'ai dessinés sur place, nous avons réalisé plusieurs séries de tentures narratives confectionnées en appliqué de coton teint, qui retracent, depuis la rencontre des premiers navigateurs européens, la sombre aventure de la traversée de l'Atlantique, mais aussi les périodes historiques qui l'ont précédée et celles qui ont suivi, jusqu'à nos jours.

Cette « bande dessinée » en tissu est à la fois un travail artistique dans la tradition des tentures historiées de l'ancien Dahomey. C'est aussi une fresque historique, qui retrace les liens qui unissent les trois continents de part et d'autre de l'océan Atlantique, sur près de cinq siècles. C'est enfin mon histoire personnelle, qui s'inscrit dans ma relation de métis avec mes origines et dans « l'Histoire avec sa grande hache », comme l'a écrit Georges Perec.

Un livre les réunit et retrace les épisodes de cette fresque dans le détail, *L'Océan noir*, Gallimard, 2009, réédité en 2024.

LE VOYAGEUR

Sur cette première planche de la série de tentures, un nouveau périple commence. Le voyageur, bien qu'avançant sur les flots, se dirige vers le passé. Embarqué sur son vaisseau, portant sur sa coiffe l'emblème de la *Black Star Line* fondée par le Jamaïcain Marcus Garvey pour relier les deux rives de l'Atlantique, il part à la rencontre de ses origines et de la grande histoire des Africains dispersés sur le pourtour de l'océan noir.

Le voyageur
106 x 66 cm

La rencontre
104 x 64 cm

Ekpéssosso
105 x 161 cm

Page 133
Les rois
103 x 162 cm

Les négriers
108 x 165 cm

Le Passage du milieu
171 x 106 cm

La fin d'un monde
168 x 105 cm

Page 135
Les colons
170 x 106 cm

Tomehuenyi et Agouda
168 x 105 cm

Les guerres
164 x 107 cm

D'une carte à l'autre
166 x 105 cm

Page 137
Diaspora : les USA
169 x 117 cm

Diaspora : Amérique du sud, Caraïbes
158 x 100 cm

Harriet Powers. Web du Bois
Frederick Douglass. Nat Turner
Elisabeth Johnson Harris.
Joséphine Baker. Paul Robeson
Augusta Savage. Chester Himes
Langston Hughes. Harriet
Tubman. Louis Armstrong
Selma Burke. Richard Wright
Sydney Poitier. Sojourney
truth... and much MORE
POWER TO THE PEOPLE
Jimmy Hendrix. Otis Redding
Miles Davis. Aretha. Ray
Charles. Ike & Tina
Georges Clinton. James
Brown. Stevie Wonder
Cab Calloway. The Platters
Harry Belafonte. Nat King
Cole. Scott Joplin. The
Supremes. Jackson 5
Count Basie... etc.
Booker T. Washington.
James Baldwin
Baraka. Jacob Lawrence
Rita Dove. Claude McKay
Margaret Walker. Maya
Angelou. J.M Basquiat
Tony Morrison. Amory
Douglass. Faith Ringgold
Chester Himes... etc.
Elisabeth Catlett
Muhammad Ali. Rube Foster
Tommie Smith. John Carlos
Lee Evans. Ray Sugar Robinson
Floyd Paterson. Jesse Owens
Harlem Globetrotters. Bob Hayes.
Wilma Rudolf. Rafer Johnson
Sonny Liston. Bob Beamon
Jim Hines... and all the
athletes who make
Black so Beautiful!
BLACK
AND
PROUD
Malcom X. Rosa Parks.
Georges Jackson. Huey. P
Newton. E & K Cleaver. BPP.
Angela Davis. Bobby Hutton
SNCC. Stokely Carmichaël
Bell Hooks. Bobby Seale
Martin Luther King. Watts
Riot 65. NAAC P. Ida Wells
Civil rights Bill. Atlanta
Coretta Scott King... etc

Adão Ventura. Aimé
Césaire. Jamaica Kin
caid. Vodoo & Orishas.
Rastafarians. Maryse
Condé. Bois Caïman.
Marcus Garvey
Wifredo Lam. Frantz
Fanon. Bob Marley
Solano Trinidade. Sans
Sharpe. Peter Tosh
Toussaint Louverture
Morant Bay Rebellion
Bush Nigger. Dodun
Negmarron. Chano Pozo
Zumbi. Louise Bennett
Hector Hyppolite. A.F.
Lisbon. Aluku. Sals
Jacques. Stephn Alexis
Philome Obin. Giselda
Leirner. Don Quarrie
Dessalines. Santeria
Gacombé. Macoumba
Batuques. Raggae
Zouc. Afro. Cubano.
MAMY WATA
Yémanja

Africa unite
161 x 106 cm

Fuite et exil
164 x 102 cm

Page 139
L'Humanité
165 x 103 cm

L'Océan
157 x 103 cm

IL ME SEMBLE QUE LA LUTTE DE L'ARTISTE POUR SON INTÉGRITÉ DOIT ÊTRE CONSIDÉRÉ COMME UNE SORTE DE MÉTAPHORE DE LA LUTTE UNIVERSELLE ET QUOTIDIENNE DE TOUS LES ÊTRES HUMAINS À LA SURFACE DE CETTE PLANÈTE POUR DEVENIR DES ÊTRES HUMAINS.

James Baldwin

HAÏTI ET AUTRES TENTURES

Que sont devenus ces millions d'hommes, de femmes et d'enfants expédiés comme des marchandises vers les Amériques ?

Pour ceux et celles qui venaient de la Côte des Esclaves (nom qui fut donné aux rivages du Bénin et du Togo), c'est en Haïti et dans l'État de Bahia, au Brésil, que leurs traces sont les plus apparentes.

En 2011, lorsque je suis descendu de l'avion à Port-au-Prince, dès les premiers pas dans la ville j'ai été frappé par la ressemblance avec le Bénin ou le Togo. Les rues, les maisons, l'ambiance et surtout la physionomie des habitants, tout me semblait si familier !

Cette première impression passée, j'ai rencontré de nombreux artistes dont l'incroyable créativité illumine cette terre de misère, en dépit des malheurs accumulés au fil des siècles. J'ai immédiatement été fasciné par les magnifiques *dwapo* en perles et sequins. Ils ont bien évidemment pour origine les tentures de l'ancien royaume du Dahomey. Comme en Afrique, ils étaient réservés à la religion vaudou, jusqu'à ce qu'ils s'en libèrent au milieu du XXe siècle tout en restant très inspirés par l'imagerie religieuse.

Après *L'Océan noir*, c'était exactement ce dont j'avais besoin pour relancer mon imagination. Sur place je me suis associé avec Valentin Valris, tout d'abord pour créer une série et un livre sur l'histoire d'Haïti[1], puis de nombreuses autres tentures inspirées de mon propre imaginaire. Ensemble nous aurons plus tard l'occasion de les exposer, en particulier à Santa Fe, au Nouveau-Mexique.

Avec ce travail, j'ai accédé à une autre dimension en jouant avec la lumière qui se reflète sur les sequins brillants, ce dont les reproductions imprimées ne peuvent tout à fait rendre compte.

Quant à mon expérience du Brésil, où les ancêtres de ma grand-mère paternelle débarquèrent en tant qu'esclaves il y a trois siècles, elle se résume à trois mois dans la résidence d'artistes de Sacatar, située sur l'île d'Itaparica dans la Baie de Tous les Saints, à une heure de ferry de Salvador de Bahia. Ici aussi, les religions traditionnelles africaines ont évolué dans un foisonnement souvent spectaculaire. Si je me suis assez vite lassé des cérémonies de Candomblé au cours desquelles j'avais du mal à faire la part entre le folklore touristique et une authenticité qui m'échappait, en revanche j'ai beaucoup apprécié les petites maisons des villages insulaires, faites de bric et de broc et tapissées de carrelages de récupération qui donnent à ces modestes habitations une belle originalité.

Elles me paraissaient refléter cet esprit composite des descendants d'Africains débarqués sur une terre étrangère et créant, à partir de leur culture et de leurs souvenirs de plus en plus lointains, dans un environnement où la nature est exubérante, une nouvelle esthétique, métissée elle aussi.

[1] *Haïti, une île sous le vent*, Gallimard Jeunesse Giboulées, 2015

Les conquistadors
2014, perles et sequins,
150 x 50 cm

Loa à la plume
2015, perles et sequins,
32 x 48 cm

Loa-Oiseau
2015, perles et sequins,
32 x 47 cm

NAPOLÉON

« Je suis pour les Blancs parce que je suis blanc, je n'ai pas d'autre raison et celle-ci est la bonne. Comment a-t-on pu accorder la liberté à des Africains, à des hommes qui n'avaient aucune civilisation ? »

Cette déclaration de Napoléon Bonaparte dit tout de son attitude criminelle vis-à-vis de la révolution haïtienne. Sa politique génocidaire dans l'île assombrit son héritage. Il envoie tout d'abord l'expédition Leclerc en janvier 1802, forte de trente mille hommes, avec pour mission « d'écraser le gouvernement des Noirs » et de démettre Toussaint Louverture qui avait été nommé gouverneur général à vie. Puis, en mai 1802, sous l'influence des créoles et des négriers, il rétablit l'esclavage, aboli par la République en 1794.

D'une république émancipatrice, il fait une république esclavagiste. C'est pourtant en Haïti que Napoléon subira sa première défaite militaire, bien avant Waterloo. En effet, le général Dessalines, ancien esclave affranchi, bat les troupes françaises en novembre 1803. Ces débuts sanglants et violents marqueront définitivement toute l'histoire de la République d'Haïti, jusqu'à nos jours.

Les miroirs de la sirène
2015, perles et sequins,
89 x 71 cm

Napoléon
2014, perles et sequins,
31 x 50 cm

La brousse des fantômes
2015, perles et sequins,
60 x 72 cm

Page 145
Les négriers
2012, perles et sequins,
150 x 50 cm

Toussaint Louverture
2012, perles et sequins,
150 x 50 cm

LA FÉE ÉLECTRICITÉ

Je ne pouvais pas quitter Haïti sans créer une série où mon imagerie personnelle réapparaîtrait. Toutefois l'influence de l'iconographie haïtienne y reste perceptible, comme dans ce tableau qui réunit mon personnage à tête d'ampoule électrique et le Baron Samedi, maître de la Mort dans le vaudou haïtien. Avec son chapeau haut de forme, son masque blanc qui lui compose une tête de mort, son frac noir et son allure inquiétante, c'est lui qui décide de qui peut entrer dans le royaume des morts.

Carnaval haïtien
2014, perles et sequins,
90 x 60 cm

La fée électricité
2016, perles et sequins,
43 x 67 cm

Séduction
2016, perles et sequins,
85 x 65 cm

Human race
2015, perles et sequins,
87 x 65 cm

Le dieu du hasard
2016, perles et sequins,
70 x 90 cm

Autoportrait en feu
2015, perles et sequins,
36 x 49 cm

Strange Fruit
2016, perles et sequins,
38 x 48 cm

Dans toutes
les directions
2014, perles et sequins,
60 x 60 cm

Drôles d'oiseaux
2016, perles, 38 x 48 cm

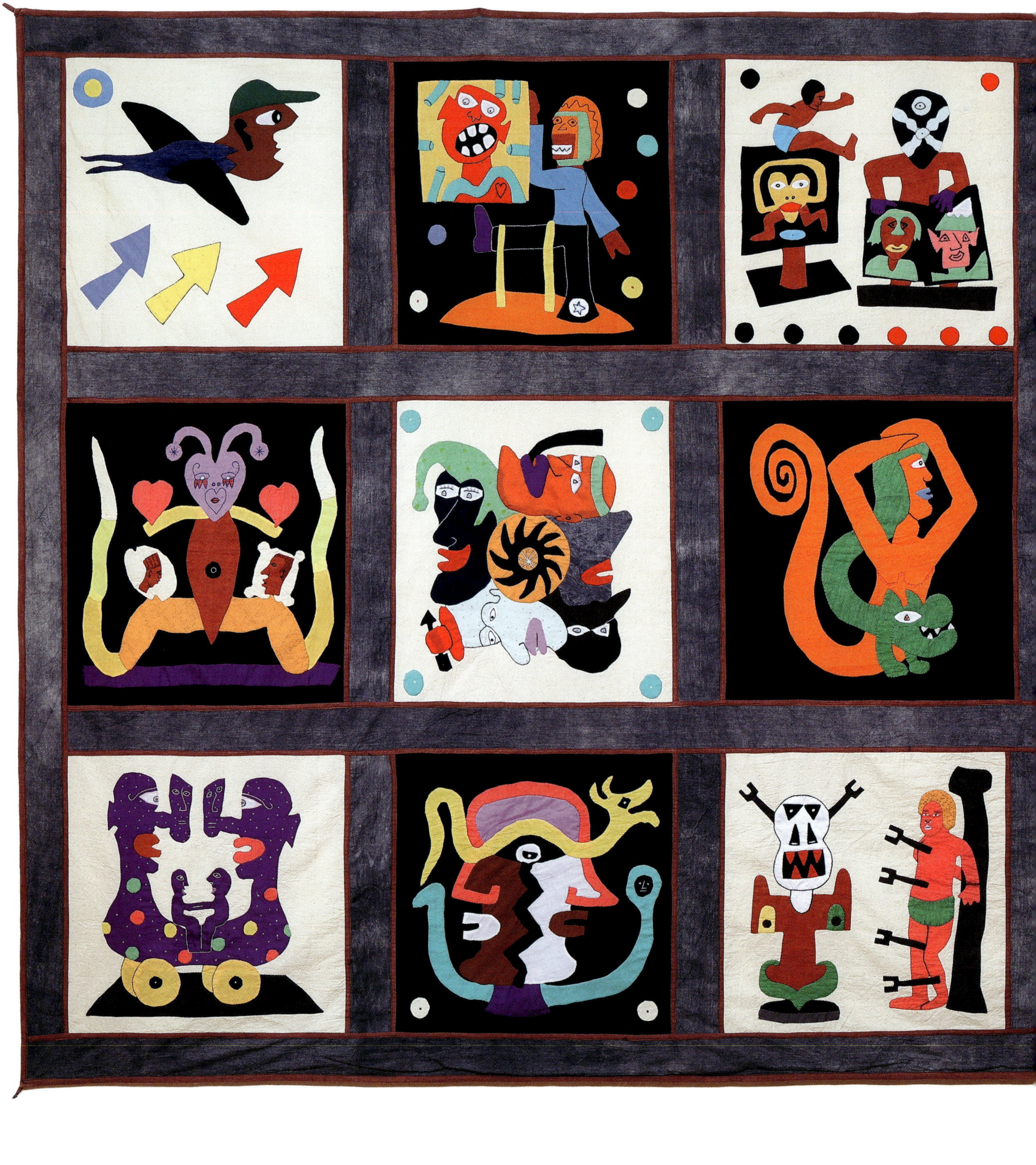

CARREFOUR LA VIE

Il y avait à Cotonou, capitale du Bénin, un carrefour routier tellement dangereux que les taxi-motos l'avaient surnommé « Carrefour La Mort ».

Après qu'un feu tricolore a été installé, ce carrefour que je prenais chaque matin pour aller à l'atelier de François Yemadjé est devenu le « Carrefour La Vie » et m'a inspiré le titre de cette grande tenture.

Page 152
Carrefour La Vie
2019, appliqué, 237 x 177 cm

William bébé dans les bras de sa maman. Jardins de l'école de sages-femmes. Tours, mai 1952.

Le Styx
2019, appliqué, 104 x 82 cm

Portrait troué
2019, appliqué, 74 x 60 cm

Les messagers
2019, appliqué, 102 x 78 cm

Le fil rouge
2019, appliqué, 105 x 78 cm

Mur d'images
2019, appliqué, 77 x 100 cm

LES JUMEAUX

Partout dans le monde, quelque chose d'ambigu et de fascinant s'attache à la gémellité. De nombreux mythes fondateurs, sur tous les continents, mettent en scène des couples de jumeaux. Les jumeaux et les jumelles, non seulement sont rares, mais ils remettent en cause non seulement les apparences, mais aussi l'individualité, l'identité, la vérité, l'ubiquité. Ce mystère un peu inquiétant a souvent mérité un traitement spécial.

Les jumeaux (diptyque)
2019, appliqué,
72 x 90 cm chaque

Il se trouve qu'il y a un nombre particulièrement élevé de jumeaux en Afrique de l'Ouest. C'est une spécificité génétique. Aussi leurs représentations y sont nombreuses ; comme les paires d'*ere ibedji*,

ces statuettes sacrées en bois des Yorubas du Nigeria qui vont toujours par deux et que l'on ne doit pas séparer, car les jumeaux sont considérés comme des doubles spirituels rattachés l'un à l'autre. En tant que métis à la double origine, j'ai toujours été fasciné par le thème de la dualité et du double, et tout semble y répondre dans mon quotidien, jusqu'aux doubles initiales de mon nom lui-même et la référence à la nouvelle d'Edgar Poe, *William Wilson*, qui raconte l'histoire d'un homme poursuivant son homonyme et le conduisant à la folie. Les jeux de mots, entre *Will I am* (« est-ce que je suis ? ») et *Will son* (« fils de la volonté »), appuient sur le ressort vertigineux de la mise en abyme.

SCHOKORIEGEL N° 11

Schokoriegel, carré de chocolat en allemand, est une collection éditée par la petite maison d'édition Les Étoiles et les Cochons, qui a compté une vingtaine de titres en format poche, réalisés principalement par des dessinateurs français et allemands. Stéphane Blanquet, Atak, Romain Slocombe, Benoît Jacques, Max Andersson, Ch. Huth, Sid' Ali Hams, Sophie Dutertre et d'autres encore se sont amusés à s'exprimer librement dans ce fanzine. Lorsqu'on me proposa de participer à cette collection, je ne pouvais que me sentir concerné par son titre : combien de fois n'avait-on pas associé ma couleur de peau à celle du chocolat ? L'occasion était trop belle de raconter « ma vie en chocolat » et de faire, par là même, un clin d'œil au clown Chocolat, de son vrai nom Rafael Padilla. Originaire de Cuba et associé à l'Anglais George Foottit qui jouait le clown blanc, le duo connut la célébrité dans le Paris de la Belle Époque. Autant dire que l'auguste noir eut à affronter les pires préjugés en un temps où les zoos humains connaissaient un énorme succès populaire dans toute l'Europe, alors au sommet de ses conquêtes coloniales.

Schokoriegel n° 11
Sérigraphie 12 x 16 cm
3 couleurs, imprimé en 1000 exemplaires à Berlin en 1997. Isabelle Jarry et William Wilson.

Alors je revins en surface et de la couleur de ma peau tirai l'ambre clair des sépias, l'écorce des pins millénaires, la croûte mordorée des chemins, le velours des coques de fruits, le brun lisse des graines, je fécondai la terre et ses routes et ses villes, je pliai sous moi la masse des grandes marées et rentrai à la maison, au sec, au chaud, devant le feu rougeoyant.

LES COLLAGES WAX

La rame de grandes feuilles d'épais papier artisanal que j'avais rapportée d'Inde en janvier 2004 est restée sept ans à attendre son usage idéal. J'ai vu fabriquer ce papier dans l'atelier d'Auroville où je séjournais, à partir de pâte de chiffon qu'on étalait «à la louche» à l'intérieur d'un cadre, puis qu'on laissait sécher au soleil. C'est pour répondre aux contraintes du collage de tissu sur du papier que ces solides feuilles de pur coton recyclé étaient réalisées. En effet, le papier fabriqué à partir de pâte de bois se désintègre lorsqu'il est mouillé, ce qui n'est pas le cas du papier chiffon.

J'ai employé pour ces collages des pièces découpées dans du «wax», une toile de coton très utilisée en Afrique pour la confection et dont les motifs sont extrêmement riches et variés, tout en gardant un style immédiatement reconnaissable.

Ma grand-mère africaine Hélène D'Almeida est l'une des seules personnes qui, dans mon enfance, nous a rendu visite à Orléans.

Elle arrivait du Bénin en grand boubou parfumé, munie d'une kyrielle de valises, et nous apportait, entre autres cadeaux remarquables, des petites chemises et de grands coupons de wax, communément appelé «tissu africain». L'histoire de ces étoffes est un bel exemple de mondialisation. Les Hollandais, colonisateurs de l'Indonésie au XIXe siècle, ont industrialisé l'ancestrale technique du batik javanais.

Vodoun des fétiches
2011, collage wax,
66 x 88 cm

Page 160
Vodoun Lion
2011, collage wax,
88 x 68 cm

Elle consiste à dessiner sur du tissu avec de la cire d'abeille (*wax* en anglais), puis à plonger le tissu dans la teinture. La couleur imprègne les zones qui n'ont pas été recouvertes par la cire. Après séchage du tissu, on rince à l'eau chaude pour faire fondre la cire. On peut reproduire l'opération sur un même tissu autant de fois que désiré, ce qui permet d'obtenir des motifs variés et complexes.

Les Hollandais et les Anglais ont tenté de commercialiser leurs produits en Indonésie, sans réel succès. En revanche, parmi les troupes néerlandaises, figuraient quelques bataillons de soldats venus du Ghana; ce sont eux qui rapportèrent ces tissus dans leur pays, où ils connurent un grand succès. Le marché se développa rapidement, orchestré par de redoutables commerçantes togolaises et béninoises. Ma grand-mère était une de ces riches «Nana Benz» : elle allait au marché en Mercedes-Benz.

C'est en souvenir de mes éblouissements d'enfant devant les coupons de wax qui sortaient de ses valises, de leurs couleurs chatoyantes et de leurs motifs si inventifs, que je me suis lancé dans cette série de collages.

J'ai utilisé de la colle liquide pour fixer le tissu sur la surface irrégulière des grandes feuilles. Au séchage, le tissu semblait s'incruster dans le papier chiffon comme un tatouage dans une peau d'éléphant.

Lorsque j'ai entrepris la série, j'avais déjà une belle collection de ces tissus «africains» si particuliers, mais j'étais toujours en recherche de nouveaux motifs. Je pris contact avec Nana Niskanen, la représentante à Paris de l'entreprise Vlisco, une des plus célèbres fabriques de tissus wax, basée aux Pays-Bas. Nana devait justement se rendre à l'usine Vlisco de Helmond, à vingt-cinq kilomètres d'Eindhoven dans le Brabant, et elle me promit d'en rapporter quelques échantillons. Quelques semaines plus tard, elle me téléphonait: «J'ai un carton pour vous, avez-vous une voiture pour venir le chercher?» C'était une caisse de près d'un mètre cube, remplie d'échantillons d'Original Dutch Wax.

Je ne me serais jamais douté de l'incroyable quantité et de l'invraisemblable variété de ces échantillons. C'était un cadeau inestimable. Quinze ans plus tard, j'en utilise encore. Nana Niskanen est une de ces fées que j'ai eu la chance de rencontrer durant ma carrière et auxquelles je dois beaucoup. Qu'elles soient toutes ici sincèrement remerciées.

Créé par mini-séries de dix ou douze, au gré de l'inspiration et des trouvailles des fragments de tissus, chaque collage wax est un jeu d'illusions où l'ambiguïté des assemblages et des motifs incite à la multiplication des interprétations.

Proverbes, adages, rébus, trophées, drapeaux, emblèmes, citations et récitations, poèmes, historiettes, mes « 101 Vodouns» sont tout cela à la fois. C'est aussi l'épuisement d'une idée jusqu'à un chiffre, 101, qui prend des allures d'infini.

LE COLLAGE DANS SA DUALITÉ

Rob Perrée
Historien de l'art

De nombreux artistes travaillent plus d'un support pour s'exprimer. Par exemple, le dessin et la peinture, parce qu'ils sont le prolongement l'un de l'autre, ou l'installation et la peinture, parce que l'artiste est convaincu que le spectateur vit l'œuvre plus intensément lorsqu'il en fait partie.

Ainsi, de nombreuses combinaisons sont possibles.

Mais je n'ai rencontré personne qui utilise autant de techniques que William Adjété Wilson. Pastel, lithographie, dessin, affiche, collage, assemblage, sculpture, drapeau, tissu appliqué, céramique, livres d'artiste, textes et couvertures de livre.

Cela suscite la curiosité.

Dans son travail, l'artiste relie le passé au présent. Il convoque le passé afin de se

Vodoun bi-polaire
2011, collage wax,
89 x 66 cm

démarquer de ceux qui veulent se présenter comme des victimes de l'époque coloniale, période mouvementée de l'histoire : « … on ne devrait pas s'attarder sur la victimisation et la culpabilité, mais nous sommes tous à la fois des produits et des agents de l'histoire, et nous partageons tous des responsabilités à l'égard de la condition des autres[1]. » En ce sens, William Wilson veut partir de la manière dont il se voit lui-même et non de la façon dont les autres le perçoivent. Il se tourne vers l'avenir, pas vers le passé.

[1] Abigail E. Celis et Frieda Ekotto Endlessly, *I Create Myself: William Adjété Wilson and The Black Ocean*, Gallery DAAS, 2014, p. 13.

Souvent, Wilson tire son inspiration de l'imagerie, du style et des matériaux traditionnels qui le renvoient à ses racines africaines. Pour certains de ses projets, il a même travaillé avec les artisans sur place (au Bénin ou en Haïti, par exemple) pour maîtriser les techniques ancestrales. Il s'en inspire ensuite pour recréer son propre langage visuel. Un langage qui révèle alors une créativité presque infinie. Un langage qui laisse place à la perspective et à l'humour. Un langage qui rend accessibles, à tous, les histoires qu'il veut raconter.

Si l'un de ses chefs-d'œuvre, *L'Océan noir*, propose une narration chronologique, de nombreuses autres œuvres peuvent être vues comme des collages ou s'apparentent à des collages.

L'artiste afro-américain Romare Bearden (1911-1988) comparait ses collages au jazz où un musicien part d'un accord et improvise autour, évoquant des tonalités qui, à leur tour, mènent à d'autres tonalités. Par sa manière de jouer, il finit par créer une musique qui lui est propre.

Wilson utilise une technique similaire. Il part d'un support neutre – papier ou tissu – et y applique une image. Puis, l'artiste convoque d'autres éléments visuels qui vont se déplacer librement dans l'espace jusqu'à ce qu'ils trouvent une sorte d'équilibre, un équilibre fort. C'est particulièrement le cas dans sa série des « 101 Vodouns », mais aussi dans ses dessins, ses sculptures ou ses pastels.

Parce que dans ses œuvres les histoires n'ont ni début ni fin, le spectateur est libre de puiser dans sa propre créativité pour imaginer son propre récit. C'est peut-être l'une des raisons pour lesquelles Wilson a choisi cette démarche.

C'est après plusieurs visites dans son atelier que j'ai compris sa façon de travailler. Elle s'apparente à un collage. J'ai eu l'impression que ses œuvres – il travaille en série – provoquent des suites. Il ne part pas d'idées prédéterminées mais il se laisse happer par son propre travail.

Dans une interview, il a déclaré : « … dans mon travail, je rassemble des objets qui, de ce fait, déclenchent une succession de séries[2]. »

[2] *Conversation entre William Adjété Wilson et Achille Mbembe*, p. 16.

Par ces mots, il semble confirmer mon intuition !

VODOUN LIBÉRÉ

Lorsque j'ai travaillé sur les tentures de *L'Océan noir*, j'ai dû me plier au travail collectif. Ainsi la coupe des tissus d'après mes « patrons de papier » était effectuée par le chef d'atelier, qui devait tenir compte de l'ourlet et donc agrandir légèrement les pièces de tissu. Ensuite, ses assistants les positionnaient et les fixaient sur le fond de la tenture, puis les femmes entraient en jeu et assuraient la couture de toutes les pièces. Le travail des couturières se faisait toujours à leur domicile, à l'exception de la brodeuse, qui intervenait sur les pièces cousues après leur retour à l'atelier. Chaque pièce passait de main en main et la succession de ces opérations faisait que mon dessin initial se modifiait légèrement, sans que je puisse y faire grand-chose. Une part de ma création m'échappait. De cette « frustration » est né le désir de me sentir plus libre. Ainsi m'est venue l'idée du collage des tissus sur papier. De cette façon je pouvais maîtriser tout le processus et introduire davantage de subtilité en soignant les détails. Ce *Vodoun libéré* est la première pièce de ce qui allait devenir la série des « 101 Vodouns » que j'ai réalisée sur plus de quatre années.

Vodoun libéré
2010, collage wax,
76 x 56 cm

Vodoun des bois
2012, collage wax,
67 x 91 cm

Vodoun réversible
2011, collage wax,
67 x 91 cm

Vodoun architecte
2011, collage wax,
90 x 66 cm

Vodoun des esclaves
2010, collage wax,
77 x 57 cm

Vodoun intellectuel
2011, collage wax,
66 x 88 cm

VODOUN SELF-PORTRAIT

Le motif des souches d'arbres trouve ici un autre usage en devenant le col d'un uniforme futuriste. Qui est ce type dans le miroir ? Que me raconte-t-il ?
Comme l'écrivain qui met toujours un peu de lui-même dans chacun de ses personnages, le peintre s'introduit subrepticement dans ses tableaux. Ainsi tout devient autoportrait et questionnement.

Vodoun self-portrait
2011, collage wax,
66 x 89 cm

Vodoun en fête
2013, collage wax,
68 x 90 cm

Vodoun de cœur
2011, collage wax,
68 x 90 cm

Vodoun des mers
2010, collage wax,
56 x 76 cm

JARDIN VODOU

Ce jardin est un hommage à Erik Borja, paysagiste et créateur de magnifiques jardins inspirés des jardins zen japonais. Disparu récemment, Erik était un ami de très longue date qui m'a encouragé dès le début de ma carrière. Sculpteur à l'origine, à partir des années 1975 il se consacra exclusivement à la composition et à la plantation de jardins, après un voyage au Japon. J'ai eu la chance de pouvoir assister à la naissance de son premier jardin zen à Beaumont-Monteux dans la Drôme, il y a maintenant cinquante ans.

De retour du voyage dans les grands espaces de l'ouest américain, en 1994, j'y ai planté un séquoia dont j'avais rapporté la graine lors de ma visite au Parc national de Yosemite. On peut voir en Californie des spécimens de plus de trois mille ans. Le séquoia du jardin zen a maintenant quarante ans et, comme le disait Erik, c'est un bébé qui atteint déjà plus de dix mètres de haut et qui nous survivra bien après que le jardin lui-même aura disparu.

Pour l'heure, le magnifique jardin zen qu'Erik Borja nous a laissé en héritage est ouvert à la visite. C'est un lieu où le végétal, le minéral et l'eau sont associés pour créer un concentré de beauté, de calme et d'harmonie.

Jardin vodou
2017, collage wax,
91 x 67 cm

Village vodou
2017, collage wax,
67 x 90 cm

Vodoun anonyme
2014, collage wax,
65 x 87 cm

Vodoun industriel
2017, collage wax,
91 x 68 cm

Vodouns internet
2011, collage wax,
89 x 67 cm

Vodouns des contraires
2010, collage wax,
76 x 56 cm

Rituel vodou
2017, collage wax,
92 x 67 cm

Vodoun en cavale
2011, collage wax,
88 x 66 cm

Vodoun d'automne
2017, collage wax,
89 x 68 cm

Procession vodou
2014, collage wax,
89 x 66 cm

Vodouns de l'espace
2017, collage wax,
89 x 67 cm

Vodoun jardinier
2011, collage wax,
88 x 67 cm

Vodoun Legba
2017, collage wax,
66 x 89 cm

Regalia vodou
2012, collage wax,
88 x 66 cm

Vodoun à 4 pattes
2010, collage wax,
78 x 56 cm

Vodoun proliférant
2011, collage wax,
68 x 91 cm

UN PAS DE CÔTÉ

LIVRES JEUNESSE

C'est en retrouvant mon amie Muriel Bloch, quinze ans après notre première rencontre, que j'ai commencé à illustrer des livres pour la jeunesse. Devenue conteuse réputée, autrice de recueils de contes récoltés dans le monde entier, Muriel avait déjà de nombreux livres à son actif. Elle m'a proposé en 1997 une collaboration et j'ai eu le bonheur d'illustrer ses *365 contes des pourquoi et des comment*.
En 1998, j'ai été très honoré que les fondateurs de la collection « Albums Dada » me demandent de mettre en images l'édition anniversaire de la *Déclaration universelle des droits de l'homme*, parue en coédition avec l'ONU. Dans la même collection, j'ai également créé les images d'un ouvrage consacré à Nelson Mandela (2001).
J'ai ensuite illustré *Le Commandeur d'une pluie*, un beau recueil de deux contes de Patrick Chamoiseau (2002). Ont suivi les trois livres de proverbes que j'ai publié seul chez Gallimard Jeunesse Giboulées, *Les proverbes de l'éléphant* (2003), *Les proverbes du crocodile* (2004) et *Les proverbes du panda* (2005).
Mon amie Marie Nimier, rencontrée au Château de La Napoule quinze ans plus tôt, a bien voulu m'associer à ses deux albums pleins d'humour, *Les trompes d'Eustache* (2005) et *La Kangouroute* (2006).
À ce stade, j'étais suffisamment familier des livres jeunesse pour avoir envie de réaliser avec Isabelle Jarry un album pour et avec chacun de nos enfants. Ils avaient tous deux cinq ans lorsque, en famille, nous avons conçu et fabriqué *Aglaé en Inde* (2004) et *Balthazar au jardin* (2007).
Puis j'ai à nouveau travaillé avec Muriel Bloch et nous avons tricoté ensemble *Le sac à soucis* (2004), puis nous avons tissé en collages wax *Samangalé* (2013), un recueil de contes d'Afrique de l'Ouest et des Caraïbes.
C'est ainsi près d'une quinzaine d'ouvrages qui sont venus ponctuer les années, à la charnière du xxe et du xixe siècle, et s'égailler dans les bibliothèques et sur les étagères des petits comme des grands enfants.

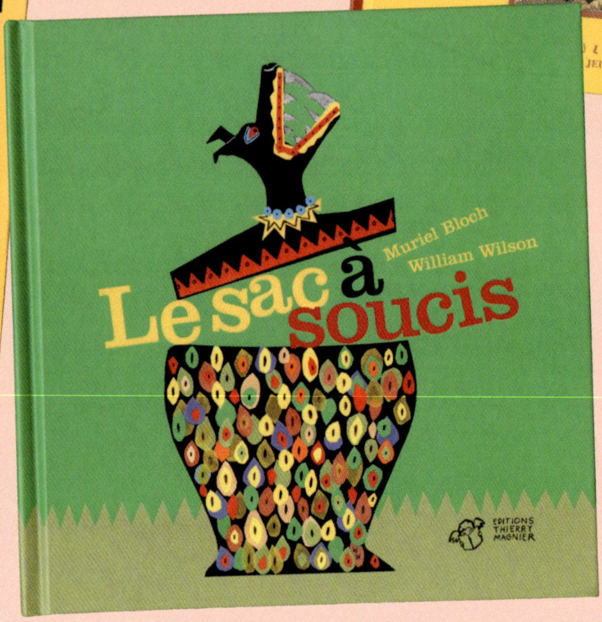

DÉCLARATION UNIVERSELLE DES DROITS DE L'HOMME
Images William Wilson
MANGO JEUNESSE

AGLAÉ EN INDE
et j'ai eu 5 ans !
Isabelle Jarry
William Wilson

Isabelle Jarry William Wilson
Balthazar au jardin
GALLIMARD JEUNESSE GIBOULÉES

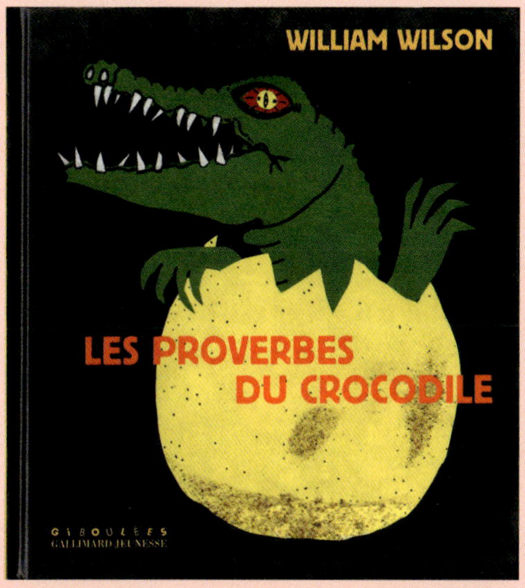
WILLIAM WILSON
LES PROVERBES DU CROCODILE
GIBOULÉES
GALLIMARD JEUNESSE

LES PROVERBES DU PANDA
WILLIAM WILSON
GIBOULÉES
GALLIMARD JEUNESSE

LES PROVERBES DE L'ÉLÉPHANT
WILLIAM WILSON
GIBOULÉES
GALLIMARD JEUNESSE

MURIEL BLOCH
WILLIAM WILSON
Samangalé
GALLIMARD JEUNESSE GIBOULÉES

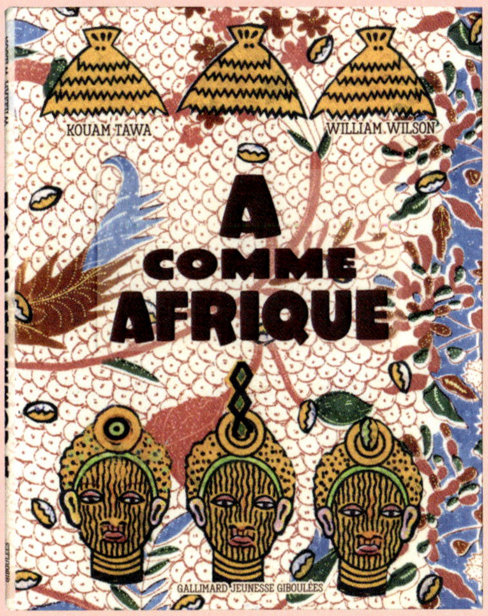
KOUAM TAWA
WILLIAM WILSON
A COMME AFRIQUE
GALLIMARD JEUNESSE GIBOULÉES

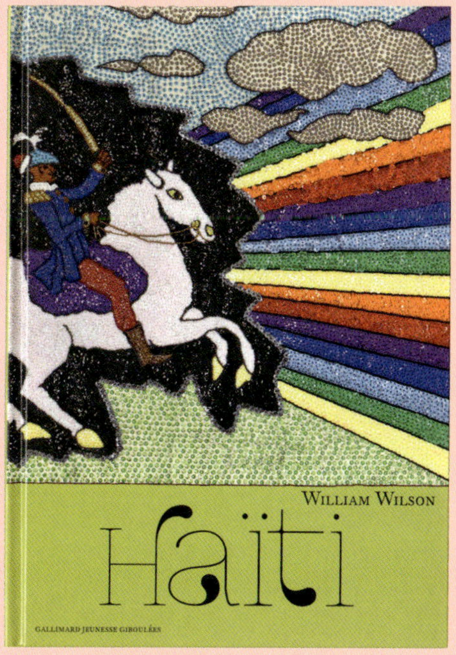
WILLIAM WILSON
Haïti
GALLIMARD JEUNESSE GIBOULÉES

2020
- William Adjété Wilson.
- 2020 -

LES DESSINS ZOZO

C'EST QUAND UN HOMME EST SEUL, QU'IL S'ENNUIE FORT, QU'IL NE PEUT COMPTER SUR AUCUNE ESPÈCE DE DISTRACTIONS NI DE JOIES VENANT DE L'EXTÉRIEUR, D'AUCUNE ESPÈCE DE FÊTES, QUE LES CONDITIONS SONT LE MIEUX REMPLIES POUR QUE NAISSE EN LUI UN BESOIN DE SE FABRIQUER PAR SES PROPRES MOYENS, LUI-MÊME, TOUT SEUL ET À SON PROPRE USAGE, UN THÉÂTRE DE FÊTES ET D'ENCHANTEMENTS.

Jean Dubuffet

2o2o, ZoZo, la ressemblance visuelle était trop frappante. C'est donc une « Bonne année ZOZO » que je souhaitais à toutes et tous en ce début janvier 2020.

Selon moi, ZOZO voulait dire « imprévu et fantasque, avec une pointe d'ironie ». Je ne me doutais pas alors à quel point cette année 2020 allait se révéler complètement ZOZO, avec l'irruption du coronavirus dans nos vies !!!

C'est lors du confinement que j'ai dessiné, sur un livre vierge de 253 pages, la série « ZOZO ». Encre de Chine, pastels, crayons, très peu d'usage de la gomme, et la volonté de me surprendre moi-même.

Le confinement a été aussi l'occasion de revisiter ma bibliothèque et de reprendre des ouvrages que je n'avais pas ouverts depuis très longtemps. J'avais enfin le temps de lire et je savourais le bonheur de retrouver des monographies d'artistes que je n'avais plus regardées pendant des années, alors que je les apprécie tant. Je pense particulièrement aux ouvrages consacrés au peintre Victor Brauner. Je l'ai découvert à mon arrivée à Paris, lorsque j'ai commencé à visiter les musées et les galeries parisiennes.

J'étais alors très attiré par les œuvres surréalistes et les arts extra-européens, quels qu'ils soient. Victor Brauner m'a particulièrement marqué et ses tableaux m'ont encouragé à accepter les images sorties des profondeurs de mon être et qui m'étonnaient moi-même. Curieusement j'ai ressenti une parenté avec cet artiste d'origine roumaine, proche des surréalistes et mort en 1966. Ce n'est pas tant sa tendance au mysticisme qui me fascine que la poésie émanant de ses assemblages figuratifs. J'apprécie également le fait que ses tableaux soient difficiles à interpréter, laissant le regardeur face à son propre imaginaire.

La création artistique est l'expression de notre être le plus intime et cette source est intarissable pour peu qu'on la laisse s'écouler librement. Avec la pandémie, ce voyage dans l'inconnu s'est trouvé en parfaite adéquation avec l'ambiance générale. Tout arrêter, s'enfermer, réfléchir, faire place à la contemplation, au silence et à l'ennui, s'étonner à nouveau de ce qu'on ne prenait même plus le temps de voir, tant nous sommes distraits au quotidien par des choses souvent inutiles et vaines.

J'ai adopté une fois de plus le principe de la série, que je pratique depuis mes débuts. Sa contrainte et sa consistance me semblaient plus appropriées que jamais. Cette fois, j'avais une série limitée par le format même de mon support, 253 pages, et pas une de plus. Cela résumait assez bien la parenthèse dans laquelle nous étions plongés, longue et pleine d'incertitudes, mais qui prendrait fin un jour.

Les pages se sont succédé comme dans un sablier égrenant le temps. Un temps d'angoisse mais aussi un temps pour soi, un temps pour rêver librement, malgré tout, le sourire aux lèvres.

La série « ZOZO »
2020, encre de Chine et pastel sur papier, 17 x 25 cm

253 DESSINS POUR DIRE LA JOIE D'ÊTRE AU MONDE

Pierre Souchaud
Critique d'art. Essayiste. Fondateur du magazine *Artension*.

S'il y a une «coloration» africaine dans cette somptueuse suite de dessins des Zozo que William Wilson a réalisée pendant le confinement, elle ne doit pas supplanter tout ce qui la caractérise : sa liberté, son bonheur d'exister, son inventivité, la mystérieuse vérité de son écriture plastique, son humanité heureuse, sa qualité artistique et cette façon jubilatoire de conjurer les malheurs terrestres… y compris pour les pandémies !

Et ce sont bien ces valeurs qui transcendent toute «africanitude», qui déjouent tous les enfermements et qui résolvent assurément, par leur joyeuse énergie vitale, tous les problèmes du monde.

«Il n'y a pas de mission nègre. Il n'y a pas de fardeau blanc... Je ne suis pas le "y a bon banania" auquel certains voudraient me réduire... Seront désaliénés Nègres et Blancs qui auront refusé de se faire enfermer dans la tour substantialisée du passé», nous précise William Wilson qui tient ainsi, en reprenant ces citations de Frantz Fanon, à se démarquer clairement de cette tendance qu'ont certains artistes à se charger idéologiquement pour compenser une absence de contenu proprement artistique. Et qu'importe de desservir la bonne cause qu'ils enfourchent, si cet «engagement» leur permet opportunément de se parer d'une posture vertueusement «contemporainiste».

« Je ne suis pas l'esclave de l'esclavage» dit aussi William Wilson. Ce qui sous-entend qu'il ne l'est pas non plus de l'anti-esclavagisme ou du décolonialisme, qui sont pourtant des sujets aujourd'hui très «porteurs». Et c'est ainsi que son œuvre soutient paradoxalement d'autant mieux les causes dont il ne veut pas être «esclave» ou «prisonnier».

Il y a chez William Wilson une vision enjouée, distanciée et panoptique du monde même et de son art.

Cette vision des réalités terrestres est celle du cœur pur, de l'enfant joueur, de l'innocence première. Une «vision» de proximité, dans l'intimité du vécu et, pour cela, sans risque de parasitage ou diffraction venant de quelque idéologie extérieure. Et c'est aussi pour cet ancrage au réel proche, à la vie quotidienne, que ce «regard» devient partageable par tous et prend une dimension d'universalité.

Rien de religieux dans l'art de William Wilson, mais le profane y devient céleste, et la transcendance – la beauté en quelque sorte – s'opère d'autant mieux qu'elle naît de l'humilité des gestes, des joies et des douleurs du quotidien. Le noir devient éclairant, la noblesse et la grandeur émanent du populaire et du banal, des histoires de famille et de voisinage ou des contes pour enfants autant que des grands récits mythiques.

La couture, la broderie, les perles, le patchwork, la céramique, l'assemblage d'éléments de bois... tous ces matériaux sont propices à une créativité illimitée car ils sont chargés des bonheurs de la vie domestique, de ses gestes familiers, de ses pratiques rituelles, de ses mille plaisirs simples.

Le ludique et le jubilatoire imprègnent une écriture plastique d'une liberté et d'une inventivité débridées, d'une grande sensualité qui joue de cette aptitude commune dans toutes les cultures, à l'humour, à la poésie et à l'émerveillement visuel.

Et c'est ainsi que William Wilson devient citoyen d'un monde réenchanté par lui, d'un monde de la diversité joyeuse.

Pages 190 à 201
Dessins Zozo
2020, encre et pastel sur papier, 17 x 25 cm

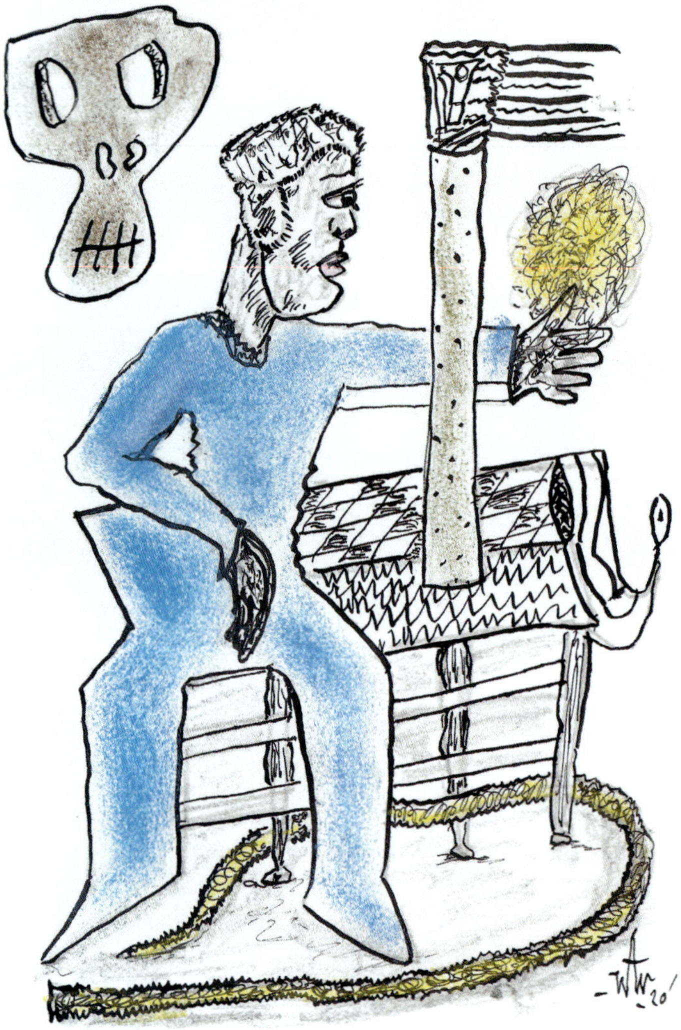

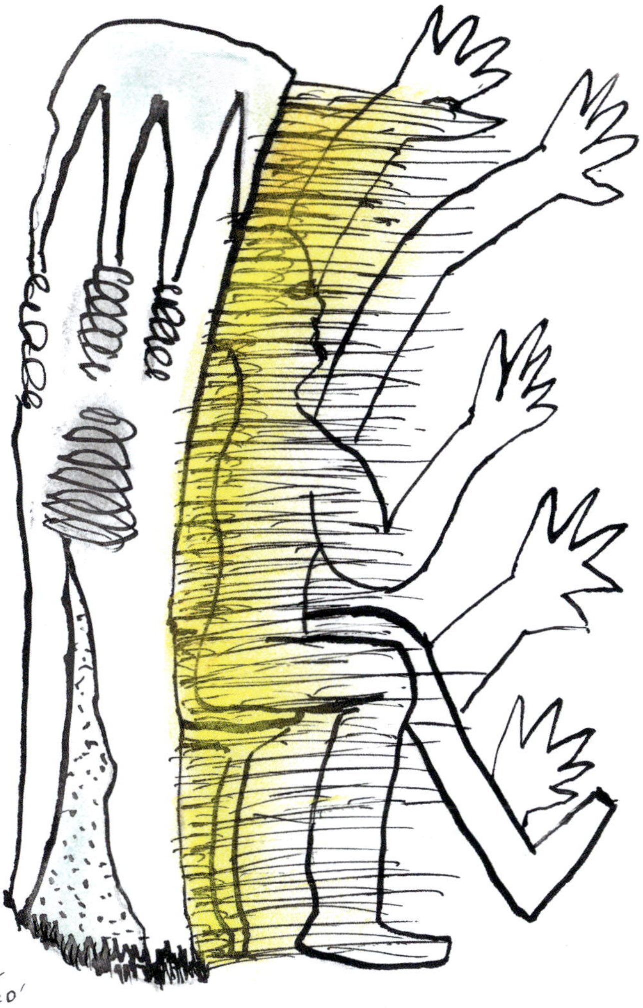

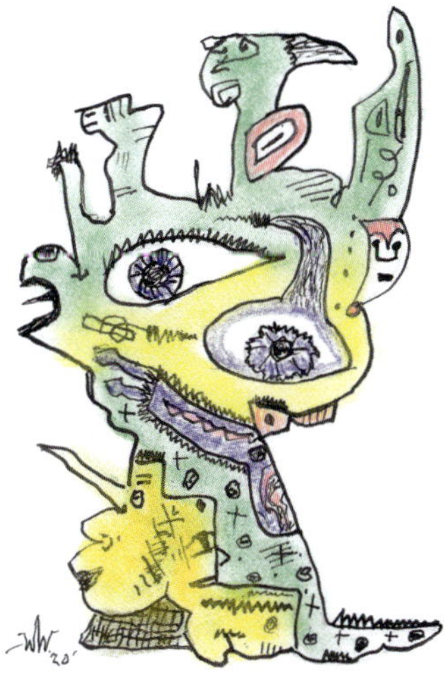

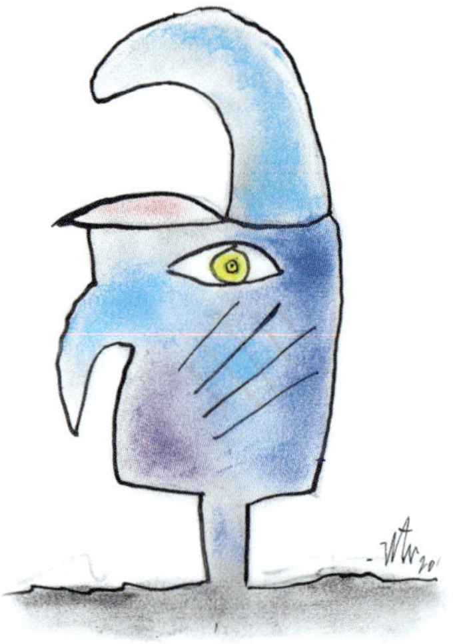

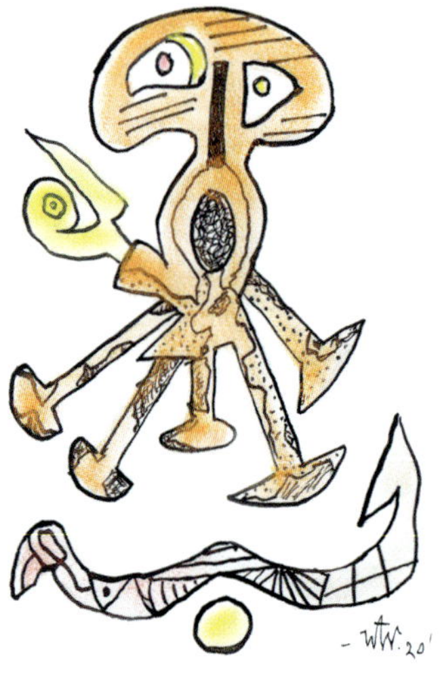

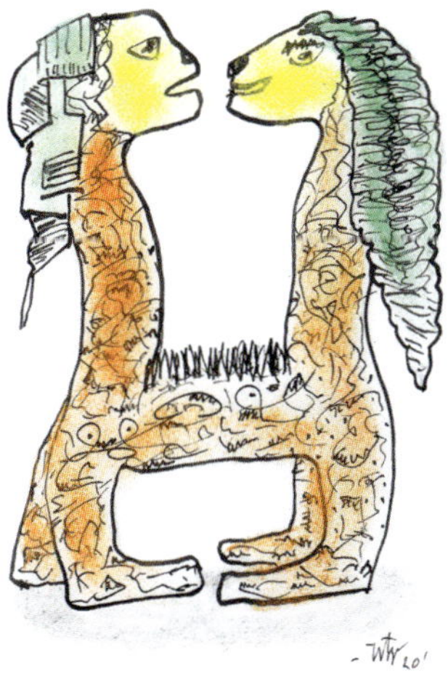

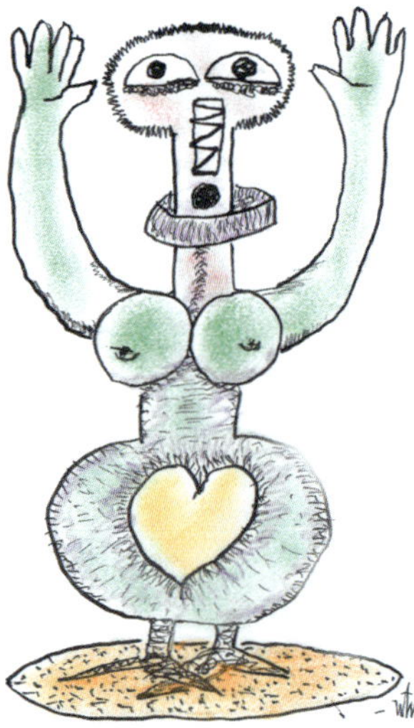

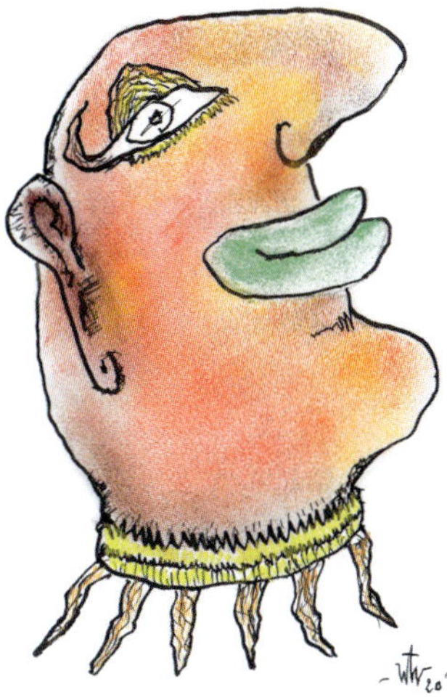

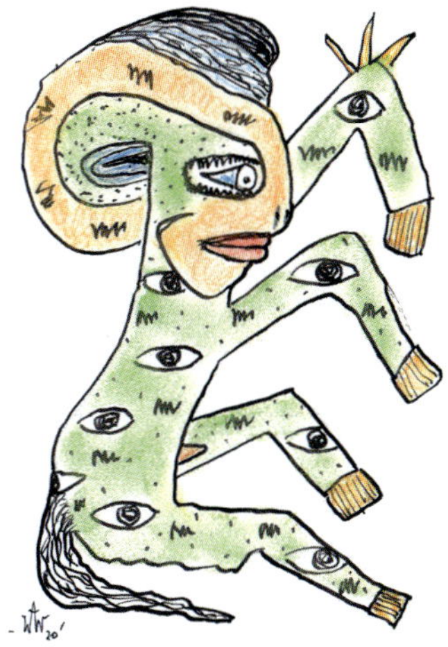
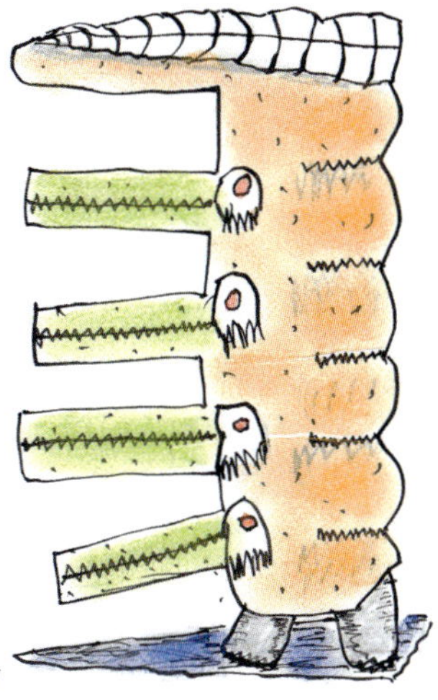

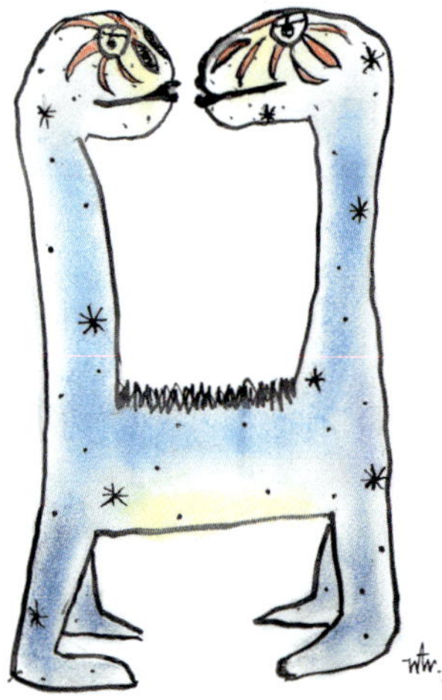

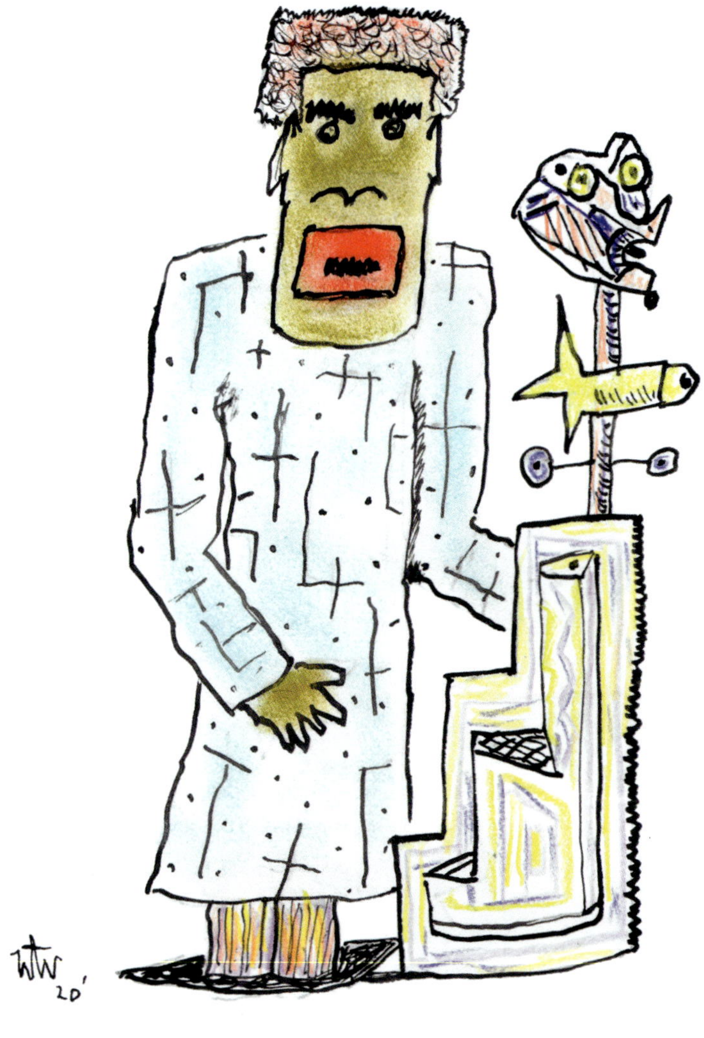

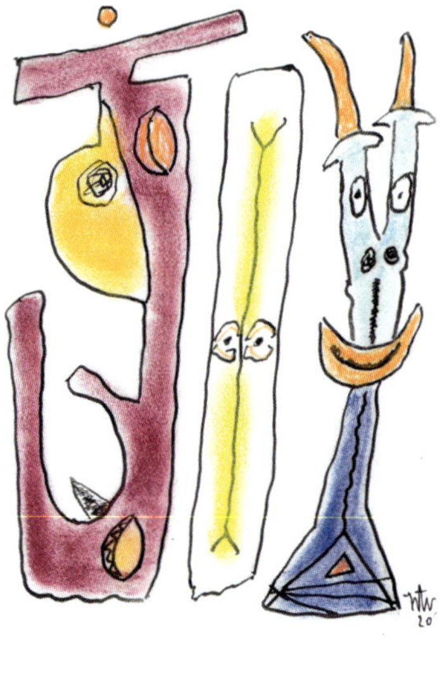

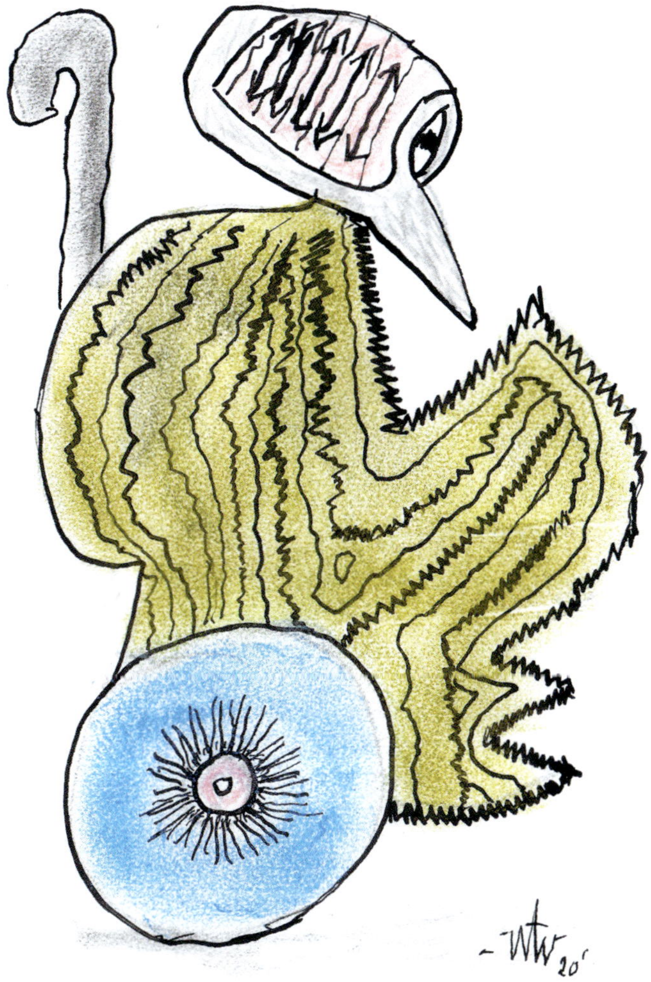

UN PAS DE CÔTÉ

LES CAHIERS

Dans les années 2010, j'ai commencé à remplir de grands cahiers (21x30 cm). Lorsque je commence à dessiner, je mène toujours mon dessin jusqu'au bout, comme s'il était vital pour moi qu'il tienne debout. De façon générale, je ne fais pas d'essais ou de croquis préparatoires, mais je reprends parfois des trouvailles que j'ai conservées – je ne sais pas jeter –, souvent dans un autre medium. Peut-être qu'en réalité il n'existe pas véritablement d'essai, ni de brouillon, et que, quel que soit l'état final d'une image, même très simple, même inachevée, on peut considérer que c'est une œuvre à part entière. Pour ma part, la nouveauté sur certains de ces nouveaux cahiers, c'est l'écriture. Mais j'y écris comme je dessine, sans repentir, comme si ma pensée était en retard sur ma main. Les mots s'enchaînent et leur(s) sens n'apparaît qu'ensuite. Pour introduire un peu de complexité, j'utilise un crayon double, rouge d'un côté et bleu de l'autre. Cela rend la lecture déroutante, mais réserve également d'heureuses surprises. Comme dans mes dessins, chacun peut y faire son propre chemin.

Page 202
Carnets de dessin
32 pages, 21x30 cm,
couvertures en collage
tissu wax

ZOMBIS

IL VEUT LE FEU QUI NOUS
DÉVORE. VOYAGE ENRAGÉ
QUI SUFFOQUE QUICONQUE.
PRENONS UN PEU D'HALEINE
POUR LA VOIR SANS MENSON-
GE. EN TENTE DE HAINE
REVERSIBLE QUE LES YEUX
RENVERSENT DU CHARIOT.
ROYAL BLUE LE MATIN DES
JOURS ANCIENS. JETTE LE
FILET AVEC PRÉCISION.
ENLÈVE, JETTE, SOIT PA-
TIENT DÉS. CÎMES, HABIT-
ANT. PROVISOIRE ET DIS-
PONIBLE. QUE DIS TU ! QUE
FAIS. TU ? JE METS MON
DÉSIR EN BADOULIÈRE
ET PARTONS DANS LES RO-
CHES ROUGES MIRACULEUSES
C'EST EN DANGER TOUTE-
FOIS ET COMME D'HABITUDE

C'EST DIT ILS SONT
MULTIPLES. DOUBLES
TRIPLES ∞ LA VOIE DE
CRISTAL DÉROULÉE EN
BOUCLES REBELLES
ET BLONDES. RYTMES.
VOIX DE CRISTAL N'AM-
ASSE PAS MOUSSE.
MUSIQUE EN BAS À GAU-
CHE ET RETOUR. C'EST
MON CORPS. PERDU PERDU FENDU
EN FEU JUSQUE LÀ.
DÉMEMBRÉ DE CARACT-
ÈRE OPTURÉ. LE PRIX
DE JOIE, SEULE. AU
GRAND ÉCARTEMENT
SIMPLE D'ACROBATE.
EN PÉRIL DE RISQUE EN
GRAPPES IVRES. ES
TU LÀ ? EN ESPRIT ?

– Les géants

LA CRÉATION OUVRE UNE ZO-
NE OÙ PEUT S'ÉPROUVER
L'INFINITÉ DES POSSIBLES.
TOUT FAIRE À LA FOIS, ET
DÉFAIRE, CHOISIR, RISQUER.
LE DON DE TOUS. UN GES-
TE DANS LE CHAOS EN
PLEURS. RENDEZ VOUS
LA QUÊTE LIBRE DE
SUITE. À LA PROUE DES
ÉTOILES LE DÉSIR PAL-
PITE, RONRONNE, ET S'É-
TONNE. NOUS C'EST NOUS
NOUS. MOT À MOT. FAIRE
REFAIRE AU BOUT DU MON-
DE, DES MONDES, DES
MONSTRES, DES MON-
TRES. C'EST LA CONFU-
SION DES MICROBES

LES PEINTURES WAX

LA FAMILIARITÉ ESPIÈGLE DE LA DIASPORA EST LE TRAIT CARACTÉRISTIQUE DE LA CRÉATION TRANSNATIONALE DE L'ATLANTIQUE NOIR.
Paul Gilroy

Cette série de tableaux s'inscrit dans la suite de l'utilisation du textile dans mon travail sur toile. Dès les années 1990, j'ai décoré de grandes enveloppes en kraft sur lesquelles je peignais de petits paysages en relation avec l'adresse du destinataire ou le lieu d'où je les envoyais, parfois rehaussés de tissu. Dans les années 2000, j'ai poursuivi occasionnellement ce procédé du collage sur papier, avec des tissus dont j'utilisais la texture ou le motif.

À partir de 2011, mon utilisation du textile, et en particulier du wax, a évolué. Le travail sur la série de tentures *L'Océan noir* m'avait plongé dans l'univers des tissus africains, et la richesse de ce matériau n'a cessé de m'inspirer ensuite. Les « Collages wax » ont initié le processus sur papier, puis j'ai eu envie de revenir à la toile, sans renoncer pour autant au plaisir du tissu.

Sur ces tableaux, souvent de grand format, le textile apparaît pour apporter une autre dimension. C'est pour moi une manière de rassembler sur le même tableau, et sur le même plan, le monde du visible et de l'invisible. D'offrir plus de place à l'imaginaire et de jouer à ma façon avec l'illusion de la peinture et des représentations. Le tissu wax apporte une texture particulière qui étonne et interroge le regard. Où commence la peinture ? Où finit le tissu ? Que se passe-t-il ? Quelles sont les histoires que chacun peut se raconter ? Je joue avec les motifs du wax, parfois si évocateurs et par ailleurs porteurs de tout un univers de rêves et de fantasmagories.

Monsieur Klaxon, *L'homme illustré* ou *La belle étoile* sont autant de mélanges de peintures et de motifs textiles plus ou moins reconnaissables.

J'ai réalisé nombre de ces « peintures wax » à la Résidence d'artistes d'Ifitry, au Maroc. C'est un lieu idéal pour travailler sereinement entre mer, ciel et terre et c'est dans ces conditions idéales que j'ai créé mes premiers grands formats de peintures et tissus sur toile.

Page 206
L'homme illustré
2022, peinture et collage wax, 150 x 200 cm

Page 208
Manifestation
2019, peinture et collage wax, 130 x 150 cm

SÉRIE « SAHARA »

C'est lors de mon premier séjour au nord d'Essaouira, en résidence au Centre d'art contemporain Ifitry, sur la côte atlantique du Maroc, que j'ai réalisé la série « Sahara ». Dans mon esprit, elle évoquait la traite des esclaves noirs à travers le Sahara, traite qui a duré près de mille ans.
Ces dix-sept petites toiles forment un parcours à travers les émotions, comme un écho lointain à la longue plainte des captifs et des captives. C'est aussi un cri de révolte contre les nouveaux négriers, passeurs contemporains qui perpétuent le sinistre commerce d'êtres humains. Les deux rangées figurent le jour brutal et la nuit d'angoisse. Les mains aspirent à la dignité, symbolisée par l'étoile.

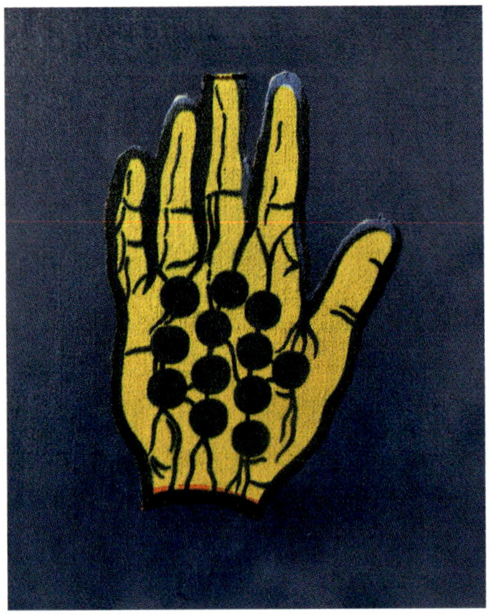

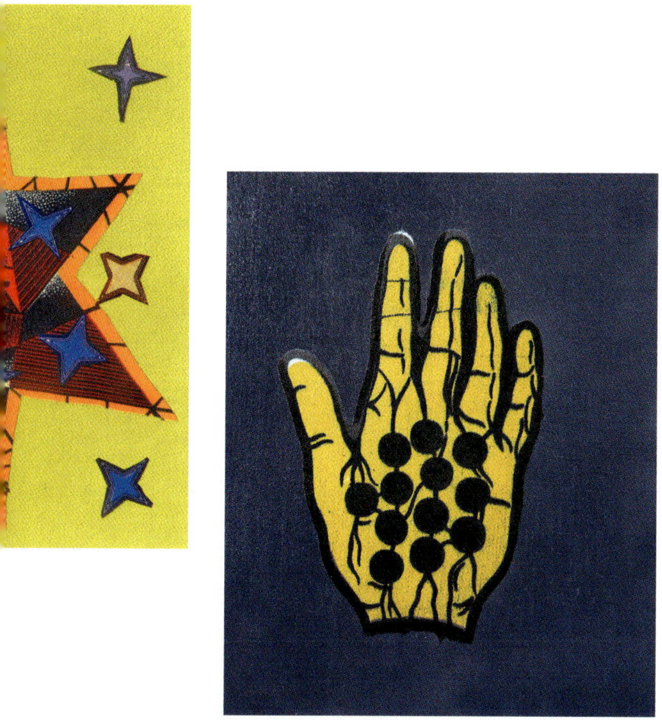

Série « Saraha »
2013, acrylique et
collage wax sur toile,
33 x 41 cm chacune.
Collection CAC, Essaouira

LES SILHOUETTES

Lorsque j'ai réalisé cette série, j'ai utilisé des toiles de 1,50 m sur 2 m. Je me suis allongé dessus et un collègue a tracé ma silhouette au fusain sur chaque toile. Cela a été le point de départ. La cohorte des « Silhouettes » a suivi…

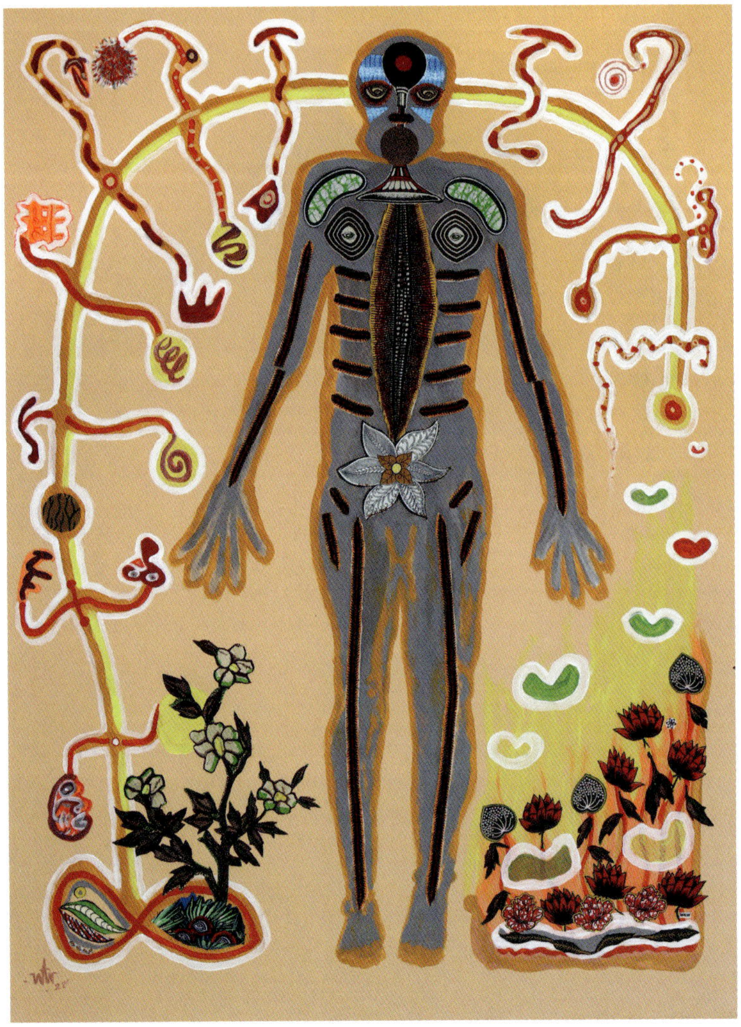

Le jardin d'Éden
2022, acrylique et collage wax, 150 x 200 cm

La servitude volontaire
2019, acrylique et collage wax, 150 x 200 cm

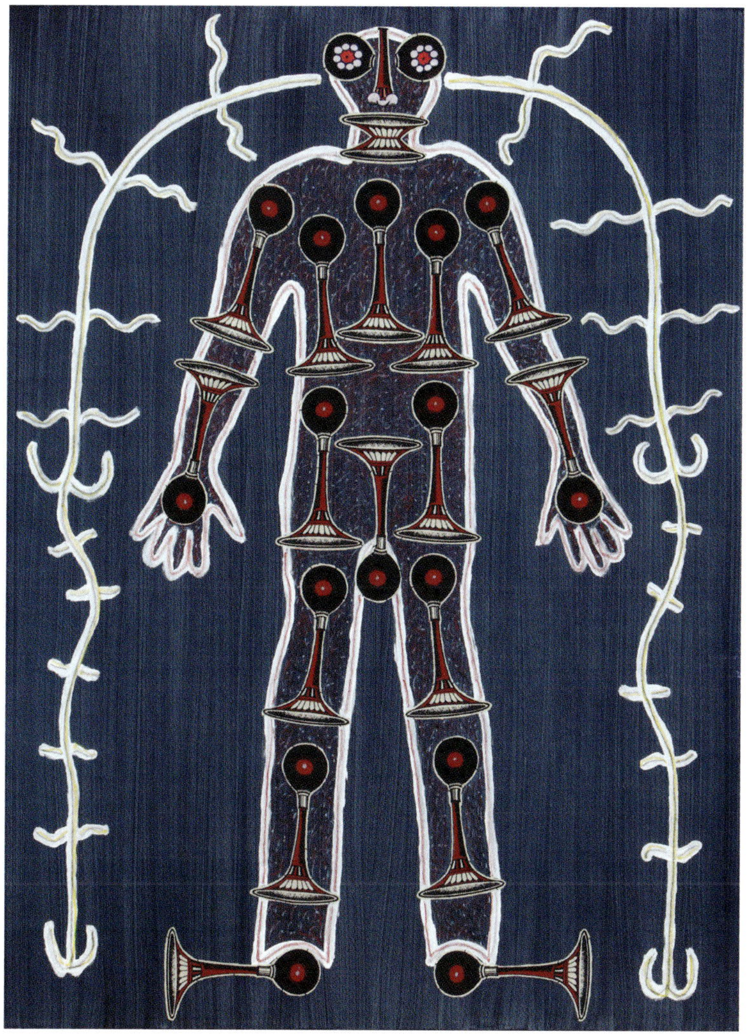

Monsieur Klaxon
2020, acrylique et collage wax, 150 x 200 cm

Mille regards
2024, acrylique et collage wax, 150 x 220 cm

L'animal humain
2019, acrylique et collage
wax, 150 x 200 cm

Les rois
2020, acrylique et collage
wax, 200 x 150 cm

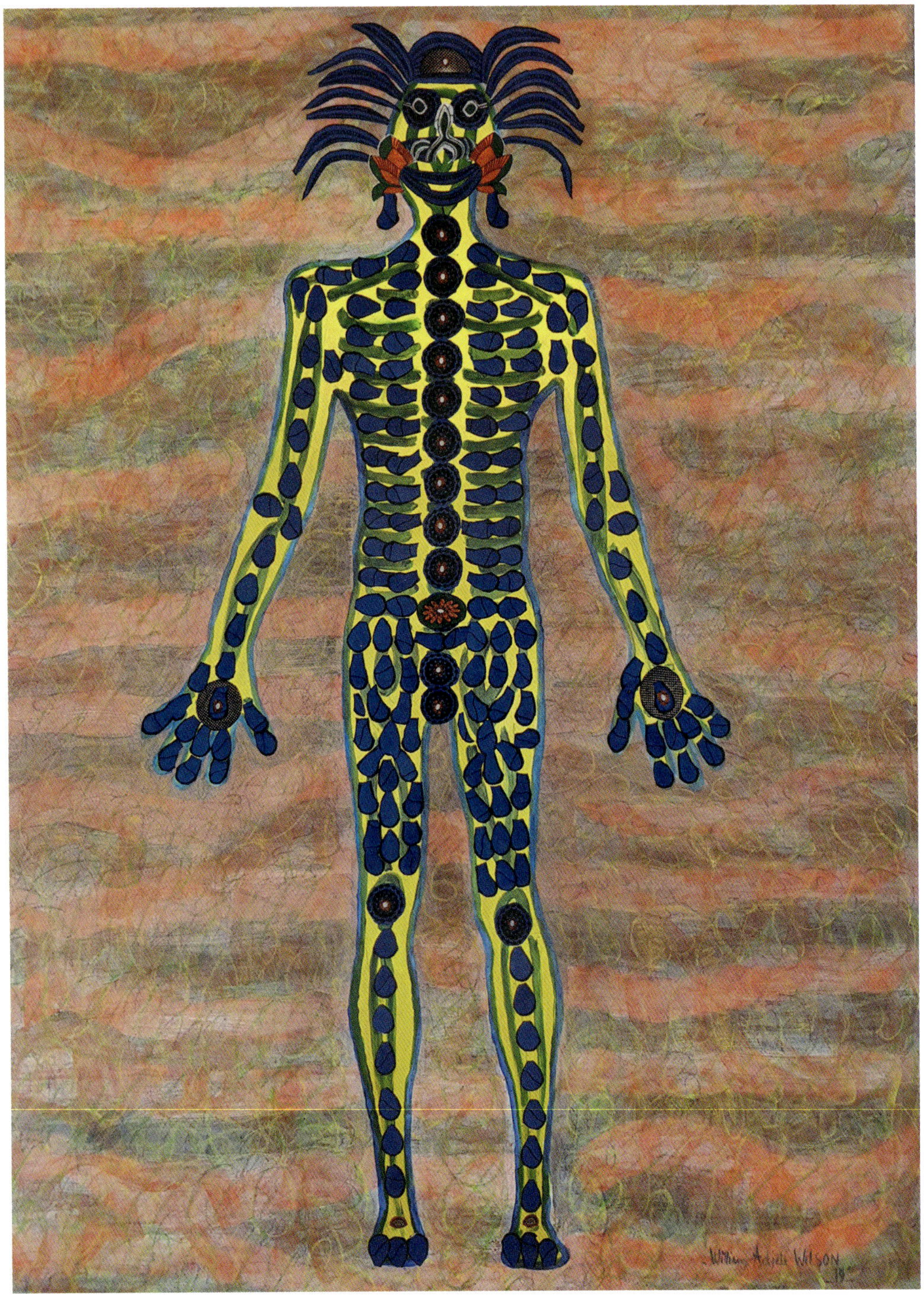

AUTOPORTRAIT À LA TORTUE

Ce petit tableau a une histoire singulière. J'étais en résidence d'artistes à Ifitry, au Maroc, en pleine nature entre la mer et les collines arides. Un jour, en diversion de la série que j'étais en train de réaliser, à partir de morceaux de tissu ramassés sous ma table, j'entrepris de composer un visage : un œil, une bouche, il n'en fallait pas davantage. Le tableau était presque terminé quand, à ma grande surprise, je vis apparaître une tête de tortue sans que je n'aie rien à lui ajouter. Je n'avais rien vu arriver et pourtant elle crevait les yeux.

Le mystère, qu'on appelle souvent le hasard, préside souvent à la création ou aux découvertes. Le plus extraordinaire est que le lendemain matin, me rendant à mon atelier, je trouvai sur le seuil une tortue terrestre bien vivante qui semblait m'y attendre. La tortue d'Hermann est assez courante dans la région, mais je n'en avais encore jamais vu de tout mon séjour. Des années plus tard, cette double apparition ne cesse de m'intriguer et pour rien au monde je ne me séparerais de ce tableau.

La bonne étoile
2020, acrylique et collage wax, 150 x 130 cm

Page 217
Autoportrait à la tortue
2013, acrylique et collage wax, 33 x 41 cm

Bal masqué
2022, acrylique et collage
wax, 150 x 200 cm

La route de Suza
2020, acrylique et collage
wax, 182 x 196 cm
Collection Fondation MAM

Tapis volant
2022, collage wax sur toile,
70 x 50 cm

Rêveuse aux oiseaux
2022, collage wax sur toile,
50 x 70 cm

Lion
2022, collage wax sur toile,
50 x 70 cm

Cette série de petits collages textiles sur toile est née d'une commande pour un grand hôtel à Marrakech. Lorsque je les ai livrés, le directeur les a trouvés trop colorés, presque trop voyants. C'est l'exemple même d'une commande paradoxale : peindre des toiles qui ne se remarquent pas, qui se fondent dans le décor, qui surtout n'évoquent rien qui puisse interroger ou poser problème au client qui les découvre dans sa chambre.
J'ai finalement été heureux de récupérer mes tableaux, avec l'espoir qu'ils connaissent un meilleur destin sous d'autres yeux… plus ouverts !

Autoportrait
2022, collage wax sur toile, 70 x 50 cm

Étoile et fleurs
2022, collage wax sur toile, 70 x 50 cm

Le potentat
2022, collage wax sur toile, 70 x 50 cm

Invitation au bal vodou
2024, acrylique et collage
wax, 150 x 220 cm

LA ROUE DE FORTUNE

La Roue de Fortune tournoie follement tout en distribuant au hasard les bonnes et les mauvaises nouvelles. Ne reste qu'à saisir sa chance… Faites vos jeux. Rien ne va plus.

Dans le tarot de Marseille, la Roue de Fortune est un des seuls arcanes (avec la Lune) qui ne soit pas illustré par un personnage humain. Même si, dans la mythologie classique, Fortune est la déesse de la chance, cette lame du tarot représente les hauts et les bas de l'existence. « La roue tourne… » dit la sagesse populaire. Singe, sphinx, chien, les voici entraînés dans le mouvement perpétuel. De leur souplesse face à la nature aléatoire de la vie dépendra leur avenir, plus ou moins heureux.

C'est du plateau d'une table ronde en bois plein, trouvée au coin de ma rue, que *La roue de fortune* est apparue.

Parfois l'inspiration est capricieuse et on tourne pendant des jours autour de sa table de travail en opposant toujours une bonne raison de ne pas s'y asseoir. Parfois, au contraire, un objet récupéré inopinément demande impérativement à être traité toutes affaires cessantes.

Alors, le tableau ou la sculpture se font quasiment tout seuls, il n'y a plus de tergiversations. Tout se passe comme si le tableau lui-même se servait de moi comme d'un outil pour apparaître, me laissant tout étonné du résultat et de son existence soudaine.

La roue de fortune
2024, acrylique et collage wax sur bois, d. 120 cm.
Collection Marie-Ange Fiderspil

IFITRY

En 2013 j'ai été invité à la Résidence d'artistes d'Ifitry sur la côte atlantique du Maroc non loin d'Essaouira. C'est un lieu magnifique, face à la mer, au ciel et au vent. Créé par Mostapha Romli, l'espace est idéal pour y travailler en toute sérénité et j'ai eu la chance de pouvoir y retourner presque chaque année depuis.

Lors de mon premier séjour, j'ai travaillé à une série de petites peintures sur le thème de la traite transsaharienne. Cette traite, initiée dès le VIIe siècle, s'est prolongée jusqu'au XIXe siècle et même au-delà. Les esclaves étaient capturés en Afrique de l'Ouest et emmenés à travers le désert vers les pays côtiers de la Méditerranée. Le voyage de ces caravanes d'esclaves, qui pouvait durer jusqu'à trois mois, était périlleux et souvent meurtrier.

Pendant que je réalisais cette série de peintures, j'ai trouvé incidemment dans une réserve un grand nombre de plats, d'assiettes et autres objets recouverts d'engobe blanche et prêts à être émaillés. J'ai pu faire des essais d'émaillage sur quelques pièces qui ont ensuite été cuites, ce qui m'a convaincu de pousser plus loin l'expérience. Je suis revenu l'année suivante, pour me consacrer exclusivement à ce nouveau medium. J'ai créé plus d'une centaine de pièces, assiettes, plats, grands vases.

Jouer avec le feu est à la fois excitant, passionnant et frustrant. On ne sait jamais vraiment ce que la cuisson va révéler. Chaque ouverture de four réserve son lot de déceptions, mais aussi de bonnes surprises. Cuire la terre façonnée pour produire des récipients ou des objets date de plus de dix mille ans. Les figurines en terre cuite remontent même au paléolithique supérieur. Il m'a paru vertigineux de m'inscrire dans cette histoire, largement partagée par de très nombreux artistes, au XXe siècle en particulier. J'ai toujours été impressionné par la vie de Bernard Palissy, inventeur au XVIe siècle de la cuisson des émaux qui, à court de combustible pour terminer ses recherches, brûla sa table, ses meubles et jusqu'au plancher de sa maison.

Cette première approche m'a également encouragé au modelage et à l'émaillage de petites sculptures. C'est une nouvelle dimension que je compte développer dans les prochaines années. Pour éviter la lassitude, et de façon générale, j'aime tenter des choses que je ne sais pas faire. Ce n'est pas, loin de là, toujours une réussite, mais mon ignorance des « bonnes-façons-de-faire » est aussi la garantie de trouver, par moi-même, des solutions originales et personnelles hors des sentiers battus.

Atelier des collages wax,
Ifitry, Maroc.

IFITRY

Dans l'atelier de céramique, Ifitry, Maroc.

E A William Wilson

LES ESTAMPES

4/24

William WILSON 2000

LE « SUJET ITINÉRANT » VA D'UN ENDROIT À L'AUTRE. LE VOYAGE EN TANT QUE TEL PEUT NE PAS AVOIR DE DESTINATION PRÉCISE : AUSSI, LE VOYAGEUR PEUT-IL ENTRER ET SORTIR À SA GUISE.
Achille Mbembe

J'avais rencontré la lithographe Nancy Sulmont lors d'une exposition de mes « Chaises », près de Nantes. Nous avions fait ensemble une lithographie. En 1993, elle a débarqué à la maison dans sa petite camionnette, et s'y est installée pour quelques jours. La jeune femme avait développé le concept d'un atelier portatif et se déplaçait chez les artistes, apportant son matériel, une petite presse, des pierres, des encres, divers papiers...

Durant plusieurs jours, nous avons créé sans arrêt, dessinant ou écrivant (à l'envers) sur les pierres, variant les couleurs d'encre, imprimant les tirages, toujours en un nombre très limité d'exemplaires, avant de grener les pierres au sable fin pour recommencer sur une surface vierge.

On avait posé la petite presse sur la grande table de la salle à manger et Nancy alignait les tirages qu'on posait çà et là pour le séchage.

En véritable ambassadrice de la lithographie, elle fabriquait ce qu'elle appelait des « presses à poing », qui permettaient à tout un chacun de réaliser des lithos chez soi. J'en ai acquis une dont nous nous sommes servis longtemps. Elle-même a poursuivi ses collaborations avec de nombreux artistes, dans son atelier Le petit jaunais, à Nantes.

Page 228
Célébration
1982, linogravure
(1 couleur), 24 x 38 cm
30 exemplaires

Page 230
La vie dans les arbres
2000, lithographie,
16 x 21 cm 24 exemplaires

LINOGRAVURE

La première estampe que j'ai réalisée était une linogravure. On peut la voir sur la page de titre de ce chapitre. La linogravure utilise le même procédé que la gravure sur bois, si ce n'est qu'à la place d'une planche, on utilise une plaque de linoléum dans laquelle on grave, laissant apparaître le dessin en relief. À l'aide de gouges, de taille et de forme différentes, on évide certaines parties pour composer « en réserve » l'image voulue. Puis on encre la plaque au rouleau, on applique dessus une feuille de papier et on la presse fortement. Composé à l'origine de poudre de liège, de gomme, de résine et d'huile de lin, le linoléum a été inventé en Angleterre en 1863, pour recouvrir les sols. Plus tendre et plus homogène que le bois, il est utilisé par les graveurs depuis le début du xxe siècle. C'est une matière que j'ai beaucoup aimé travailler lorsque j'ai commencé à réaliser des estampes.

L'atterrissage de la nacelle
1996, linogravure
(1 couleur), 40 x 30 cm
3 exemples de rehausses

Autour du monde
1996, linogravure
(2 couleurs), 29 x 22 cm
3 exemples de rehausses

LITHOGRAPHIE

La découverte de la lithographie a été, grâce à ma collaboration avec Nancy Sulmont, l'occasion d'explorer un nouveau medium et de multiplier les expériences sur un support à la fois souple et maniable. Dans la lignée des livres uniques créés avec Isabelle Jarry, nous avons pu décliner le concept et utiliser la lithographie pour réaliser un nouveau livre, en plusieurs exemplaires cette fois. Nous avons imaginé une histoire qui reprenait la création de la série des « Chaises », dans un format à l'italienne. Vingt livres ont été imprimés sur papier chiffon et j'en ai rehaussé certains, pour les rendre à nouveau uniques…

Portraits de chaises
1997, lithographies rehaussées, 33 x 19 cm

Texte Isabelle Jarry, reliure originale de Jean-Paul Laurenchet

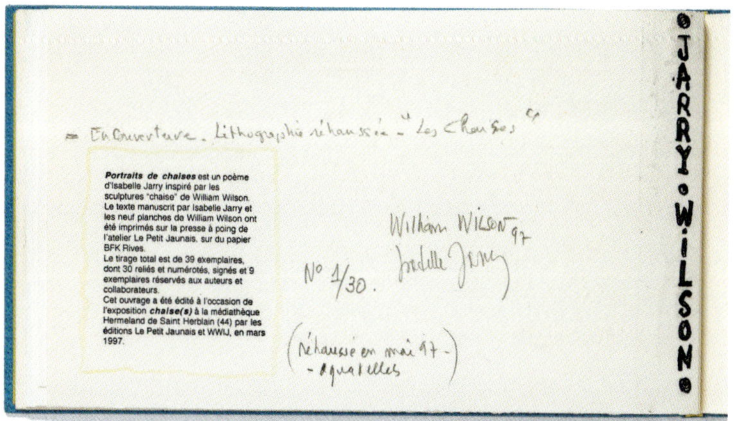

Portraits de chaises est un poème d'Isabelle Jarry inspiré par les sculptures "chaise" de William Wilson.
Le texte manuscrit par Isabelle Jarry et les neuf planches de William Wilson ont été imprimés sur la presse à poing de l'atelier Le Petit Jaunais, sur du papier BFK Rives.
Le tirage total est de 39 exemplaires, dont 30 reliés et numérotés, signés et 9 exemplaires réservés aux auteurs et collaborateurs.
Cet ouvrage a été édité à l'occasion de l'exposition ***chaise(s)*** à la médiathèque Hermeland de Saint Herblain (44) par les éditions Le Petit Jaunais et WWIJ, en mars 1997.

SÉRIGRAPHIES

Les ateliers de sérigraphie de la république de Cuba sont une des fiertés de l'île. Longtemps, ils ont été au service de la révolution avec des affiches très créatives, universellement connues, tel le portrait de Che Guevara coiffé d'un béret étoilé. Désormais, ils sont ouverts aux artistes du monde entier qui peuvent ainsi profiter du savoir-faire hors pair des sérigraphes de Cuba. Venue de Chine où elle existe depuis plus de mille ans, la sérigraphie est une technique d'impression utilisée depuis la fin du XVIIIe siècle. Elle utilise le principe des pochoirs – à l'origine, des écrans de soie – qu'on interpose entre l'encre et le support (papier, tissu, métal, etc.). On peut effectuer plusieurs passages, en superposant les pochoirs et les couleurs. Les ateliers de sérigraphie se sont développés au XXe siècle aux États-Unis et en Europe, pour produire affiches, panneaux, vêtements…
C'est un ami cubain qui m'a proposé de faire imprimer deux estampes dans les légendaires ateliers de La Havane. J'ai choisi un pastel et un dessin et je dois avouer que le résultat, lorsque je l'ai reçu, était vraiment… impressionnant de fidélité.

Double aventure 1
1994, sérigraphie
(12 couleurs), 50 x 65 cm

Double aventure 2
1994, sérigraphie
(6 couleurs), 50 x 60 cm

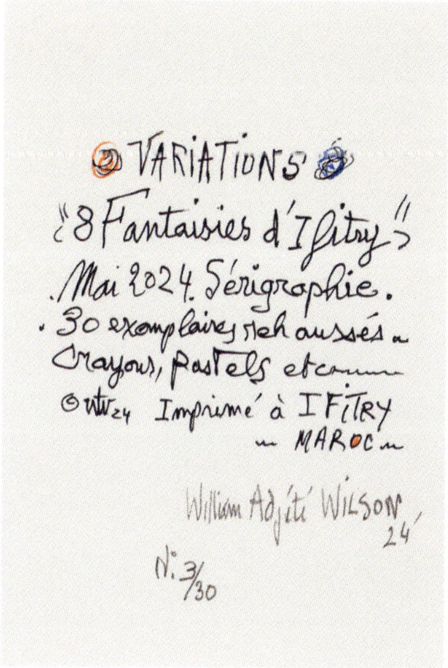

Portofolio *Variations* (30 exemplaires)
2024, 8 sérigraphies rehaussées, 22 x 31 cm. Exemplaires de 1 à 20 sous boîte cartonnée originale.

ESTAMPES REHAUSSÉES

Une fois qu'on a imprimé plusieurs exemplaires d'une estampe (quel que soit le procédé employé, linogravure ou lithogravure), il est possible de rehausser chaque gravure, à l'encre par exemple, et de produire de ce fait des exemplaires uniques à partir d'une même image reproduite.
C'est un travail quelque peu fastidieux sans doute, mais qui répond assez bien au côté obsessionnel qui caractérise chaque artiste. Chaque image rehaussée est à la fois unique et semblable aux autres, issues du même tirage. Cette ambiguïté m'a toujours plu dans ce qu'elle révèle et cache à la fois. C'est comme si l'ensemble de mes productions, quel que soit le medium, constituait une longue chaîne d'éternelles variations et déclinaisons de ce qui cherche à s'exprimer à travers moi, bien souvent à mon insu, mais pour mon plus grand plaisir.

Sémaphores
1989, linogravures
rehaussées, 62 x 46 cm

1789-1989
1989, linogravure
rehaussée, 22 x 29 cm

DE N'IMPORTE OÙ ON PEUT S'ÉLANCER VERS LE CIEL

J'avais très peu de temps pour réaliser ce petit livre de lithogravures, tiré à trente exemplaires. Par ailleurs je découvrais la technique de la lithographie (littéralement « écriture ou dessin sur pierre »), inventée par l'Allemand Aloys Senefelder à la toute fin du XVIIIe siècle, et qui connut un très grand essor au siècle suivant avec des artistes comme Toulouse-Lautrec et plus tard encore avec Picasso, Miró, Dalí et bien d'autres.
On utilise une pierre calcaire à grain dense préalablement poncée avec du sable fin et de l'eau. La pierre peut avoir la taille d'une feuille de papier, plus ou moins grande. On dessine dessus avec un crayon ou une encre très grasse qui protège le dessin de l'acide qui va venir ensuite abraser légèrement la pierre, laissant le dessin en léger relief.
Puis on encre la surface de la pierre avec la couleur désirée et on applique la feuille de papier en la pressant fortement.
La technique de la lithographie repose sur le principe chimique de la répulsion du gras et de l'eau : pendant le tirage, la pierre est constamment mouillée si bien que les parties dessinées, qui sont grasses, refusent l'eau mais acceptent l'encre, elle-même grasse, des rouleaux encreurs. Novice en la matière et découvrant le procédé pour la première fois, je me suis inspiré de la phrase de Sénèque : « De n'importe où on peut s'élancer vers le ciel. » Puis j'ai jeté trois de mes personnages favoris dans l'aventure.

Pages 240 à 243
De n'importe où on peut s'élancer vers le ciel
1995, livre d'artiste (18 exemplaires), reliure cartonnée. 20 lithographies 4 couleurs 25 x 18 cm. Atelier Le petit jaunais, Nantes

1

3

4

5

6

7

9

10

11

12

13

14

15

16

17

18

19

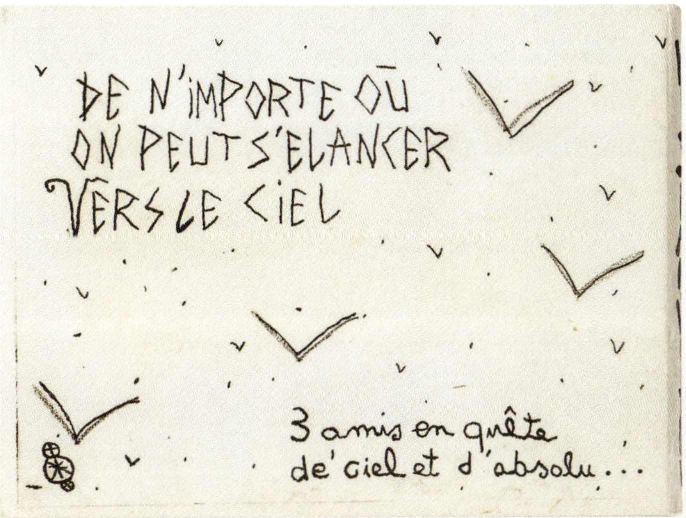
DE N'IMPORTE OÙ
ON PEUT S'ELANCER
VERS LE CIEL
3 amis en quête
de ciel et d'absolu...

UN PAS DE CÔTÉ

AFFICHES, ETC.

Je ne sais si ce sont les couleurs ou l'interprétation assez large qu'on peut faire de mes images, toujours est-il qu'on m'a souvent proposé de concevoir des affiches, le plus souvent pour des festivals de musique ou pour des spectacles de théâtre. La plus diffusée est sans conteste celle que j'ai créée pour la fête de la musique en 1998. Je me souviens de l'avoir vue exposée en format abribus dans le hall de l'Institut français de Kyoto... Surprise et fierté ! Les dessins n'ont pas de frontière, tous peuvent les regarder et les comprendre. Il m'est arrivé des années plus tard de trouver certaines de mes affiches, installées dans des appartements, des chambres d'adolescents ou en décoration dans des lieux public. Cela me procure à chaque fois un petit choc émotionnel. Prendre conscience que les images ont une vie propre et que le public se les approprie est toujours une source d'étonnement. Que mes images fassent partie de la vie de personnes dont j'ignore tout reste à la fois gratifiant et incroyable.

Page 244
Affiche accompagnant le livre *Déclaration universelle des droits de l'homme* (co-éditions Mango-ONU).

Dans la rue, quartier de l'Opéra, 1984

Affiche de la Fête de la musique 1998.

AFFICHES, ETC.

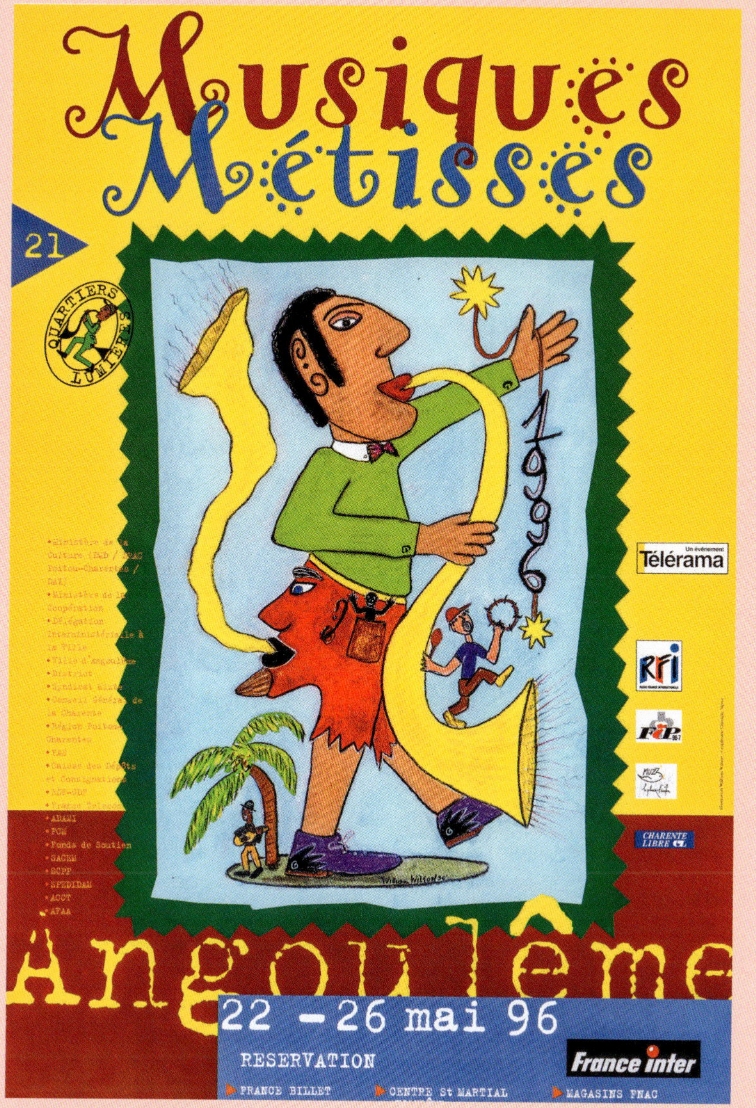

Page 246
Dessins de presse parus dans *The New Yorker*, *Libération*, *Télérama*, etc.

Affiches *Musiques Métisses*, Angoulême, 1995 et 1996

Cartons d'expositions…

ANNEXES

EXPOSITIONS (sélection)

2025
30 janvier – 2 février : « 1/54 », Marrakech, Maroc.
1er février – 26 avril : « Animisme universel », Fondation Montresso, Marrakech.
19 mars – 30 juin : « Paris noir », Centre Pompidou, Paris.

2023
4 août – 30 septembre : « L'Océan noir », Museum Industriekultur, Osnabrück, Allemagne.
4 – 14 septembre : « Fantasque #1 » – galerie du Montparnasse, Paris.
30 mai – 5 juin : « L'Océan Noir » – Rautenstrauch-Joest-Museum, Cologne, Allemagne.

2020
13 octobre – 30 novembre : « Tissages et Métissages et L'Océan noir », galerie MAM, Douala, Cameroun.

2019-2020
15 novembre 2019 – septembre 2020 : « Retour à l'Afrique, l'Océan noir », Bandjoun Station, Bafoussam, Cameroun.

2017
10 décembre – 28 mai : « Haïti, une île sous le vent de l'histoire », musée du Nouveau Monde, La Rochelle, France.

2016
10 mai – 31 juillet : « L'Océan noir The Black Ocean, O Oceano Negro », salle de la relégation collective, camp de la Transportation, Saint-Laurent-du-Maroni, Guyane française.

2014
23 avril – 17 mai : « Vodouns et Orixas », galerie Philippe Lawson, Paris, France.
26 mai – 15 juin : « L'Océan noir », Kourou-Cayenne, Guyane française.
1er – 31 août : « L'Océan noir, The Black Ocean, O Oceano Negro », Museu Casa do Benin, Salvador de Bahia, Brésil.
16 octobre – 7 novembre : « And I endlessly create myself: The Black Ocean series », University of Michigan, États-Unis.
25 novembre – 1er décembre : « L'Océan noir, The Black Ocean, O Oceano Negro », Maison des associations, Orléans, France.
25 novembre – 12 décembre : « L'Océan noir », Goussainville, France.

2012
10 avril – 29 mai : « Lire, est-ce bien sérieux ? » Bibliothèque L'Heure Joyeuse, Paris, France.
3 mai – 3 juin : « Mes Vodouns », galerie MC2a, Bordeaux, France.
3 mai – 3 juin : « L'Océan noir », musée d'Aquitaine, Bordeaux, France.

2011
21 mars – 20 juin : « L'Océan noir », musée du Nouveau Monde, La Rochelle, France.
25 mai – 26 juin : « Pastels et collages », Centre culturel français de Pointe-Noire, Congo.
2 – 22 décembre : « L'Océan noir », 6e Festival des divinités noires, Lomé, Togo.

2010
23 janvier – 20 février : « L'Océan noir », Centre culturel Jean-Cocteau, Les Lilas, France.
4 février – 13 juin : « L'Océan noir », Fondation Blachère, Apt, France.
7 – 13 mars : « L'Océan noir », Centre culturel français, Bamako, Mali.
26 mars – 18 avril : « L'Océan noir », Museo Civico Medievale, Bologne, Italie.
5 – 30 avril : « The Black Ocean, A suite of appliqué narratives, Lincoln University, États-Unis.
8 juin – 8 juillet : « L'Océan noir, Regard Bénin 1.0 », Médiathèque des Diasporas, Cotonou, Bénin.
5 – 10 octobre : « L'Océan noir », Festival international de géographie, Saint-Dié-des-Vosges, France.
9 janvier – 6 avril : « A Collective Diary, an african contemporary journey », Musée d'art contemporain d'Herzliya, Tel Aviv, Israël.

2009
28 avril – 23 mai : « L'Art souverain », galerie Philippe Lawson, Paris, France.
30 mai – 3 juin : Première exposition de « L'Océan noir », Festival Étonnants Voyageurs, Saint-Malo, France.
10 décembre 2009 – 5 janvier 2010 : « L'Océan noir » (dans le cadre de l'exposition Artistes d'Abomey, dialogue sur un royaume africain), musée du quai Branly, Paris, France.

2008
7 mars – 24 mai : « Rétrospective », Maison des Arts, Laon, France.

2005
1er – 27 novembre : « Pastels et sculptures », Halle Saint-Pierre, Paris, France.
30 avril – 17 juillet : « Rétrospective Champs libres », Reims, France.
16 mars – 20 avril : « Arte Singular », galerie D'art, Barcelone, Espagne.

2003
30 octobre – 30 novembre : « Pastels », galerie Rocket, Tokyo, Japon.

2002
7 avril – 12 mai : « Pastels », Jernigan Wicker Fine Arts, San Francisco, États-Unis.

2000
14 septembre – 16 octobre : « Ma Cabane sur les Champs », accrochage à l'agence Publicis Champs-Élysées, Paris, France.
7 – 27 octobre : « Pastels et gravures », Centre Charles Baudelaire, Beau Bassin-Rose Hill, Maurice.

1998
6 novembre – 6 décembre : « Pastels et assemblages », galerie Richard Treger, Paris.
3 décembre – 10 janvier : « Peintures Sculptures », galerie MC2a, Bordeaux, France.
8 – 18 décembre : « Pastels originaux de la Déclaration universelle des droits de l'homme », Palais des Nations, Genève, Suisse.
10 décembre – 10 janvier : « Peintures, sculptures, pastels, estampes », galerie McCann-Erickson, Levallois-Perret, France.

1996
Février – avril : « Arizona Tour », Jernigan Wicker Fine Arts, San Francisco, États-Unis.
7 septembre – 13 octobre : « Peintures, sculptures, pastels, estampes », galerie Numaga, Auvernier, Suisse.
7 – 17 novembre : « Pastels et estampes » (MAC2000), Espace Eiffel-Branly, Paris, France.

1995
8 juin – 30 septembre : « Le voyage en Arizona », galerie Loft, Paris, France.
24 mai – 10 septembre : « Escalas Africanas », Palau de la Virreina, Barcelone, Espagne.
Février-avril : « Escalas Africanas », Foundacio La Caixa, Palma de Mallorca, Espagne.
Février-mars : « Trees Grand Level », Miami, États-Unis.

1994
Novembre – décembre : « Otro País », Las Palmas, Madrid et Barcelone, Espagne.
25 janvier – 31 mars : « Paris Connections », Bomani Gallery and Jernigan Fine Arts, San Francisco, États-Unis.
Avril – juin : « Paleta Metisza », Seville World's Fair, Espagne.
9 avril – 31 mai : « Phantasmagoria Pastels et estampes », Savannah Gallery of Art, Londres, Grande-Bretagne.

1993
23 septembre – 13 octobre : « Têtes à histoires », galerie Jean-Paul Christophe, Paris, France.

1992
20 janvier – 20 février : « Dessins d'Afrique », Centre culturel français, Lomé, Togo.
10 – 29 février : « Portraits de chaises », Institut français, Innsbruck, Autriche.

1991
28 mai – 30 juin : « Portraits de chaises », galerie Michel Gillet, Paris, France.

1990
« Chaises au mur et livres à thème », galerie Fanny Guillon-Laffaille, Paris, France.

1988
17 mai – 4 juin : « WW Peintures », galerie Jean-Paul Christophe, Paris, France.
19 – 30 octobre : « Peintures et tutus, autour des *Petites Pièces de Berlin* », Centre Pompidou, Paris, France.

1987
2 – 8 avril : « Journal de voyage », Atelier la Transatlantique, Paris, France.
4 – 31 mai : « Journal de voyage », La Maison Française, University of New York, New York, États-Unis.

1986
10 avril – 20 mai : « Pastels et peintures », Le Génie de la Bastille, Paris, France.

1985
10 avril – 20 mai : « Pastels », Fondation Strafor, Paris, France.
1er – 31 octobre : « Pastels », Les Ateliers Fantasques, Octobre des arts, Lyon, France.
5 – 21 décembre : « Peintures », Leonard Perlson Gallery, New York, États-Unis.

1976
« Dessins », La Maison pour tous, rue Mouffetard, Paris, France.

DISTINCTION

1986
Prix de la Villa Médicis Hors les murs.

RÉSIDENCES

2014, 2015, 2016, 2019, 2020, 2022
Fondation Ifitry, Maroc.

2011
Sacatar Foundation, Salvador de Bahia, Brésil.

1990
Fondation La Napoule, France.

1986
The Corporation of Yaddo, Saratoga Springs, New York, États-Unis.

BIBLIOGRAPHIE

Livres d'art, catalogues d'exposition et essais

PARIS NOIR, Centre Pompidou, Paris, 2025.

L'OCÉAN NOIR, Gallimard, 2009, rééd. 2024.

APONTAMENTOS DA ARTE AFRICANA E AFRO-BRASILEIRA CONTEMPORANEA, Celia Maria Antonacci, Invisíveis Produções, São Paulo, Brésil, 2021.

ART & LETTRES CONTRE L'ESCLAVAGE, Marcel Dorigny, éditions Cercle d'Art, Paris, 2018.

MULTIPLES ÉMOTIONS AFRICAINES, Centre d'art contemporain d'Essaouira, Maroc, 2014.

AND ENDLEDSSLY, I CREATE MYSELF, Gallery DAAS, University of Michigan, États-Unis, 2014.

A COLLECTIVE DIARY, Herzliya Museum of Contemporary Art, Tel Aviv, Israël, 2010.

CHAMPS LIBRES, Office régional Culturel de Champagne-Ardenne, Épernay, 2005.

LES COULEURS DE L'ENTRE-DEUX, revue Africultures, 2000.

ARIZONA TOUR, Louis Vuitton, San Francisco, États-Unis, 1997.

LE VOYAGE EN ARIZONA, Louis Vuitton, Paris, 1996-1997.

OTRO PAÍS ESCALAS AFRICANAS, Centro Atlántico de Arte Moderno, Las Palmas de Gran Canaria, Espagne, 1994.

WILLIAM WILSON DE 83 À 93, Comptoir Général d'édition, Paris, 1993.

AFRICAN & CARIBBEAN ARTISTS IN PARIS, Gallery Bomani & Gallery Jernigan Wicker, San Francisco, États-Unis, 1992.

REVUE NOIRE, n° 2 (p. 47), *Broken Chairs*/Chaises cassées, 1991.

FRONTIÈRES PRIMITIVES, AA Éditions, Paris, 1989.

GÉNÉRATION MÉTISSE, Skyros/Alternatives, Paris, 1988.

LES MÉDIAS PEINTRES, MJC Rennes, 1985.

Livres pour la jeunesse

A COMME AFRIQUE, texte Kouam Tawa, Gallimard Jeunesse Giboulées, 2019.

HAÏTI, UNE ÎLE SOUS LE VENT, Gallimard Jeunesse Giboulées, 2015.

SAMANGALÉ, texte Muriel Bloch, Gallimard Jeunesse Giboulées, 2013.

BALTHAZAR AU JARDIN, texte Isabelle Jarry, Gallimard Jeunesse Giboulées, 2007.

LA KANGOUROUTE, texte Marie Nimier, Gallimard Jeunesse Giboulées, 2006.

LES TROMPES D'EUSTACHE, texte Marie Nimier, Gallimard Jeunesse Giboulées, 2005.

LES PROVERBES DU PANDA, Gallimard Jeunesse Giboulées, 2005.

AGLAÉ EN INDE, texte Isabelle Jarry, Jalan Publications, 2004.

LES PROVERBES DU CROCODILE, Gallimard Jeunesse Giboulées, 2004.

LE SAC À SOUCIS, texte Muriel Bloch, Thierry Magnier, 2004.

LES PROVERBES DE L'ÉLÉPHANT, Gallimard Jeunesse Giboulées, 2003.

LE COMMANDEUR D'UNE PLUIE, suivi de *L'Accra de la richesse*, textes Patrick Chamoiseau, Gallimard Jeunesse Giboulées, 2002.

NELSON MANDELA, L'ŒIL ET LE MOT, textes de Nelson Mandela, photos Agence Magnum, Mango Jeunesse, 2001.

365 CONTES DES POURQUOI ET DES COMMENT, TEXTES compilés par Muriel Bloch, Gallimard Jeunesse Giboulées, 1997.

DÉCLARATION UNIVERSELLE DES DROITS DE L'HOMME, Mango Jeunesse-ONU, 1997.

LA VIE EN CHOCOLAT, texte Isabelle Jarry, Les Étoiles et les Cochons, 1997.

COLLECTIONS PUBLIQUES ET FONDATIONS

FONDS DE DOTATION AGNÈS B., Paris,
ARLINGTON MUSEUM OF ART, États-Unis,
UNIVERSITÉ DU MICHIGAN, États-Unis,
FONDATION BLACHÈRE, France,
MUSÉE NATIONAL DU SPORT, Nice, France,
FONDATION LOUIS VUITTON, France,
CENTRE D'ART CONTEMPORAIN D'ESSAOUIRA, Maroc,
BIBLIOTHÈQUE MUNICIPALE DE CHAMBÉRY, France,
FONDS PATRIMONIAL L'HEURE JOYEUSE, Paris,
MUSÉE MÉMOIRES DU TEXTILE, Metz, France.

Page 248
Vue de l'atelier

Page 251
En noir et blanc
1976, collage et encres
sur tirage photo, 26 x 40 cm

Page 253
Piano peint pour
le Steinway Hall, New York
1986, peinture sur laque

Cet ouvrage a été réalisé sous la direction de Colline Faure-Poirée et Hélène Quinquin
Édition : Nicolas Kiritzé-Topor • Direction artistique : Christophe Hermellin
Retouche photographique : Jérôme Chauchard et Justine Jacquot-H
Fabrication : Amélie Airiau • Correction : Marie-Paule Jaffrennou

Cet ouvrage a obtenu la Bourse Collection Monographie de l'ADAGP

Grand merci à Isabelle Jarry, écrivain, ma compagne pendant 27 ans, pour son aide précieuse à la rédaction de mes textes, et pour tout ce que nous avons fait ensemble, voyages, enfants, livres, etc. Mes remerciements également à tous ceux et celles qui, au cours de ces années, m'ont soutenu d'une façon ou d'une autre. Ils sont nombreux et, à titres divers, elles et ils se reconnaîtront. Qu' elles et ils elles soient assurés de ma profonde reconnaissance.

Je ne citerai donc que celles et ceux qui nous ont déjà quittés : Pierre Lattès, Édouard Adam, Marie-Laure Croisiers, Bertrand Cordier, Monique Adidjo, Yves Kpédè, Erik Borja, Serge François, Brigitte Plateau, Patrice Peteuil, Alain Maneval, Michel Gillet, Yves-Marie Marchand, Bertrand Cheuvreux, Claude Bibas, Eric Bougaud...

Merci aux photographes sans lesquels ce livre n'aurait pas été possible, ils m'ont permis de conserver les images de mes œuvres maintenant dispersées ; en particulier François Boissonnet le plus fidèle de tous, et plus récemment Hassan Romli et Frédéric Boyadjian.

Photo de couverture : Véronique Huyghe pour les Ateliers Saint-Sabin (1985)
Photos de William Wilson à Ifitry : Mostapha Romli (2022-2023)
Photos Compagnie Bagouet : © Christian Ganet (1988) ArtComPress via Opale.photo

www.gallimard.fr

Photogravure : IGS
Achevé d'imprimer en février 2025 par GPS.
Imprimé en Slovénie
Dépôt légal : mars 2025
ISBN : 978-2-07-311122-7
Numéro d'édition : 656343

VERITABLE EAU
William A. WILSON 10